차례장차

작심필사

아우렐리우스부터
젠슨 황까지,
구루 100명의 통찰로
마음을 다지는 100일

SAY KOREA

신현만 지음

일러두기

이 책에 실린 대부분의 인용문은 해당 출판사를 통해 재수록 동의를 얻었습니다. 저작권자를 찾기 위해 상당 기간 최선의 노력을 다했으나 찾지 못한 인용문에 대해서는 추후 저작권자와 연락이 닿는 대로 적법한 절차를 거쳐 성실히 의무를 이행하겠습니다.

주변에 이 책에 대해 이야기했을 때 "왜 하필 필사책이야?"라는 질문을 받았다. 나는 그동안 10여 권의 미라클모닝과 자기계발에 관한 책을 냈다. 이를 잘 아는 지인들은 '독자들에게 꼭 소개하고 싶은 책이나 그 책에 실린 특별한 구절이 있다면 인용해서 쓰면 되는 것 아니냐'고 생각하는 것 같았다.

내 대답은 단순하다. 읽는 것과 쓰는 것은 전혀 다르기 때문이다. 필사는 '정독히 생각하는 훈련'이고, 한 문장에 담긴 내용을 내 안에 정착시키는 의식이다. 이 책에 담긴 100개의 구절은 한 시대를 바꾸었거나, 한 사람의 인생을 바꾸는 문장들이다. 그 문장을 따라 쓰는 일은

그들과 조용히 대화하는 것이다. 말수가 적은 멘토들이 단단한 문장으로 삶의 지혜를 건네는 시간이다. 그리고 이 모든 과정은 결국 자기 자신과 마주하는 일이다. 하루의 짧은 시간, 오직 나만의 속도로 나만의 필체로 내려가는 순간, 누구의 눈치도 보지 않고 아무도 정답을 요구하지 않는 그 시간에 비로소 나의 내면은 얼굴을 드러낸다.

나는 누군가를 가르치고 싶어 이 책을 내는 게 아니다. 그저 당신의 하루에 오래도록 남을 문장 하나를 선물하고 싶었을 뿐이다. 각 구절 옆에 내가 덧붙인 짧은 생각이 당신의 사고를 조금 더 멀리, 더 넓고 깊게 밀어주는

서문

언젠가부터 내 사무실 메모판에는 어떤 종잇조각이 붙어 있다. 책, 신문, 잡지에서 마주친 문장들이다. 단숨에 읽고도 한참 동안 생각하게 만들던 문장들, 어떤 문장은 금세 다른 문장에게 자리를 내주지만, 어떤 문장은 오래도록 남아 있다. 최근에는 피터 드러커의 문장들이 그랬다.

그가 나의 눈을 뗄 수 없게 이유다. 기자 시절부터 신문사 사장을 거쳐 헤드헌팅사를 끌고 있는 지금까지, 문장을 읽는 내 오랜 습관이자 삶의 방향을 잡는 방편이다. 문장들은 때로는 나침반으로, 때로는 위로로 다가왔다. 시대를 막론하고 좋은 문장은 사람을 일으켜 세운다. 고전은 시대를 초월한 교훈을, 최신 베스트셀러는 지금 이 시대정신을 담고 있다. 나는 고전과 함께 최근에 출간된 자기계발서와 리더십에 관한 책을 함께 읽으면서 이들 사이의 균형을 추구해왔다.

드러커는 경영을 단지 수익을 내는 수단이나 기술이 아니라, 사람을 존중하고 가치를 창조하는 사회적 활동으로 바라보았다. "고객을 창조하라"는 그의 말은 내가 회사를 경영하는 방식에 깊이 각인되었다. 그는 말로만 가르치지 않았다. 지혜로 설득했고, 실천으로 증명했다.

바람이 되기를 바란다. 읽고 쓰면서 생각하고, 그 생각이 쌓여 보자. 수업노트가 되어도 좋고, 반성문이어도 좋다. 다짐의 글이어도 더 좋다.

이 책은 하루에 한 페이지씩, 100일 동안 필사할 수 있도록 구성되어 있다. '100일 기도'처럼 명상하는 시간을 가질 수 있도록 말이다. 100일이 너무 길게 느껴진다면 '걱정삼일'을 반복한다고 생각해보자. 여섯 마음가짐으로 시작해도 상관없다. 매일이 아니어도 괜찮다. 단 하루만에 읽어 내려가도 좋다.

쓰는 도중에 떠오른 생각을 메모해보자. 짧아도 괜찮고, 단여 몇 개만 남겨도 충분하다. 100번째 문장을 마치는

날, 종이 위에 남겨진 메모는 당신의 흔적이며 변화의 기록이 될 것이다. 그 마지막 페이지에서 지금보다 조금 더 편하는 모습에 가까워진 당신과 마주하길 나는 용히 응원한다.

2025년 6월
삼성동 봉은사의 숲을 바라보며
신현만

Intro

Day 1 ——— 첼리 방거 18

Session 1

Day 2 ——— 조제프 앙투안 투생 디누아르, 『침묵의 기술』 22

Day 3 ——— 하워드 슐츠, 『스타벅스—커피 한 잔에 담긴 성공신화』 24

Day 4 ——— 밥 프록터, 『밥 프록터 부의 시크릿』 26

Day 5 ——— 마크 맨슨, 『신경 끄기의 기술』 28

Day 6 ——— 오프라 윈프리 30

Day 7 ——— 북자, 『북자』 32

Day 8 ——— 세스 고딘, 『린치핀』 34

Session 2

Day 9 ——— 리처드 브랜슨 38

Day 10 ——— 마르쿠스 아우렐리우스, 『명상록』 40

Day 11 ——— 프란츠 카프카 42

Day 12 ——— 얼 나이팅게일, 『성공은 이미 내 안에 있다』 44

차례

Day 13	프랭크 브루니, 『상실의 기쁨』 46
Day 14	모리타 아키오 48
Day 15	위런 버핏 50

Session 3

Day 16	빌헬름 슈미트, 『철학은 어떻게 삶이 되는가』 54
Day 17	발타사르 그라시안 이 모랄레스, 『사람을 얻는 지혜』 56
Day 18	오스카 와일드, 『윈더미어 부인의 부채』 58
Day 19	알프레드 아들러, 『항상 나를 가로막는 나에게』 60
Day 20	아나이 다다시 62
Day 21	정주영, 『이 땅에 태어나서』 64
Day 22	프리드리히 니체, 『차라투스트라는 이렇게 말했다』 66

Session 4

Day 23	장자, 『장자』 70
Day 24	공자, 『논어』, 「자한」 편 72
Day 25	폴 보가드, 『잃어버린 밤을 찾아서』 74

Day 26	데일 카네기, 『데일 카네기 인생경영론』	76
Day 27	엘링 카게, 『생각만큼 어렵지 않다』	78
Day 28	존 맥스웰, 『존 맥스웰 리더십 불변의 법칙』	80
Day 29	페르낭 브로델, 『물질문명과 자본주의 1』	82
Day 30	키스 해링, 『키스 해링 저널』	86
Day 31	팀 페리스, 『타이탄의 도구들』	88
Day 32	이해선, 『생각의 크기가 시장의 크기다』	90
Day 33	새뮤얼 스마일즈, 『새뮤얼 스마일즈의 인생 수업』	92
Day 34	알렉스 퍼거슨, 『알렉스 퍼거슨 나의 이야기』	94
Day 35	주희, 『중용』	96
Day 36	순정의	98

Session 5

Session 6

Day 37	짐 론, 「철학이 있는 삶이 성공을 만든다」 102
Day 38	신현만, 「레벨 업 강한 커리어」 104
Day 39	피터 브룩, 「빈 공간」 106
Day 40	존 맥스웰, 「존 맥스웰 리더십 불변의 법칙」 108
Day 41	루키우스 안나이우스 세네카, 「세네카의 행복론」 110
Day 42	나폴레온 힐, 「나폴레온 힐 성공의 법칙」 112
Day 43	엘링 카게, 「생각만큼 어렵지 않다」 114

Session 7

Day 44	붓다, 「가르침이 바퀴를 처음 돌림」 118
Day 45	스티븐 킹, 「유혹하는 글쓰기」 120
Day 46	발타자르 그라시안 이 모랄레스, 「사람을 얻는 지혜」 122
Day 47	브라이언 P. 모런·마이클 레닝턴, 「위대한 12주」 124
Day 48	앤드루 카네기, 「성공한 CEO에서 위대한 인간으로」 126
Day 49	피터 드러커, 「피터 드러커의 자기경영노트」 128
Day 50	나폴레온 힐, 「나폴레온 힐 성공의 법칙」 130

Session 8

- Day 51 — 그레첸 루빈, 『루틴의 힘』 134
- Day 52 — 페이먼드 챈들러, 「나는 어떻게 글을 쓰게 되었나」 136
- Day 53 — 시어도어 젤딘, 『대화에 대하여』 138
- Day 54 — 첸슨 황 140
- Day 55 — 루트비히 비트겐슈타인, 『철학적 문법 2』 142
- Day 56 — 델Dell 144
- Day 57 — 봉준호 146

Session 9

- Day 58 — 제임스 클리어, 『아주 작은 습관의 힘』 150
- Day 59 — M. 스캇 펙, 『아직도 가야 할 길』 152
- Day 60 — 폴 크루그먼, 『불황의 경제학』 154
- Day 61 — 캐서린 폰더, 『금가루 수업』 156
- Day 62 — 데일 카네기, 『데일 카네기 자기관리론』 158
- Day 63 — 잭 웰치 160
- Day 64 — 엘리슨 레빈, 「내가 정상에서 본 것을 당신도 볼 수 있다면」 162

Session 10

Day 65	피터 홀린스, 『자기절단력』	166
Day 66	캐스 선스타인	168
Day 67	아룬다티 로이, 『9월이여, 오라』	170
Day 68	조훈현, 『고수의 생각법』	172
Day 69	맹자, 「맹자」, 「고자 하」 편	174
Day 70	피터 드러커, 『피터 드러커 자기경영노트』	176
Day 71	칼 포퍼, 『삶은 문제해결의 연속이다』	178

Session 11

Day 72	순자, 「순자」, 「천론」 편	182
Day 73	보도 섀퍼, 『보도 섀퍼의 돈』	184
Day 74	톰 피터스, 『톰 피터스 탁월한 기업의 조건』	186
Day 75	존 러스킨, 『나중에 온 이 사람에게도』	188
Day 76	웨인 다이어, 『우리는 모두 죽는다는 것을 기억하라』	190
Day 77	작자 미상, 『명심보감』	192
Day 78	헬렌 켈러, 『낙관주의』	194

Session 12

Day 79	정주영, 『이 땅에 태어나서』	198
Day 80	조지 S. 클레이슨, 『바빌론 부자들의 돈 버는 지혜』	200
Day 81	팀 쿡, 『팀 쿡』	202
Day 82	밥 포록터, 『밥 포록터 부의 시크릿』	204
Day 83	피터 드러커, 『피터 드러커의 최고의 질문』	206
Day 84	순자, 『순자병법』	208
Day 85	조지 버나드 쇼, 『므두셀라로 돌아가라』	210

Session 13

Day 86	노자, 『도덕경』	214
Day 87	존 러스킨, 『나중에 온 이 사람에게도』	216
Day 88	이븐 쉬나노	218
Day 89	하워드 슐츠	220
Day 90	라이언 홀리데이, 『돌파력』	222
Day 91	리처드 브랜슨, 『비즈니스 발가벗기기』	224
Day 92	조셉 머피, 『조셉 머피 잠재의식의 힘』	226

Day 93	애덤 스미스, 『국부론』 230
Day 94	루키우스 안나이우스 세네카, 『세네카의 인생론』 232
Day 95	스가쓰케 마사노부, 『도쿄의 편집』 234
Day 96	우유취, 『만 번을 두드려야 강철이 된다』 236
Day 97	조셉 M. 마셜 3세, 『그래도 계속 가라』 238
Day 98	체 게조스 240
Day 99	레프 니콜라예비치 톨스토이, 『톨스토이 고백록』 242

| Day 100 | 존 하위드, 『잊혀진 차원, 리더십의 진실성』 244 |

Session 14

Outro

이 책의 구성

Session 1

일주일 치 분량으로 구성된
세션 14개 = 98개의 구절

Day 001

찰리 멍거

"나는 끊임없이 이런 부류의 성공한 사람들을 봅니다. 가장 똑똑하지도, 심지어 가장 부지런하지도 않지만, 항상 배우는 사람들입니다. 매일 밤, 그들은 잠들 때보다 조금 더 현명해져서 잠자리에 듭니다. 이것이 얼마나 도움이 되는지 모릅니다. 특히 앞으로 긴 여정이 기다리고 있을 때는 더욱 그렇죠."

— 2007년 5월 13일 서던캘리포니아대학교(USC) 법학대학원 졸업식 축사

무엇을 목격하건 누구를 만나건 진중히 자기 세계에 머물러 변화하지 않는 사람은 얼마나 취약한가? 사람은 끊임없이 세계와 관계 맺고, 더 많은 세계를 자기 안으로 들여야 매일 반복해야 한다. 조기 있는 것, 깊이 관찰하기, 곁에 있는 사람의 말을 경청하기, 이것은 그 귀한 눈부심으로부터 진정 배우고 깨치는 사람은 매일 새롭게 태어나 자신을 갱신하게 된다. 그런 이가 성공의 자리에 도착하는 것이 전혀 놀랍지 않다.

책을 열고 닫는
Intro와 Outro 구절 2개

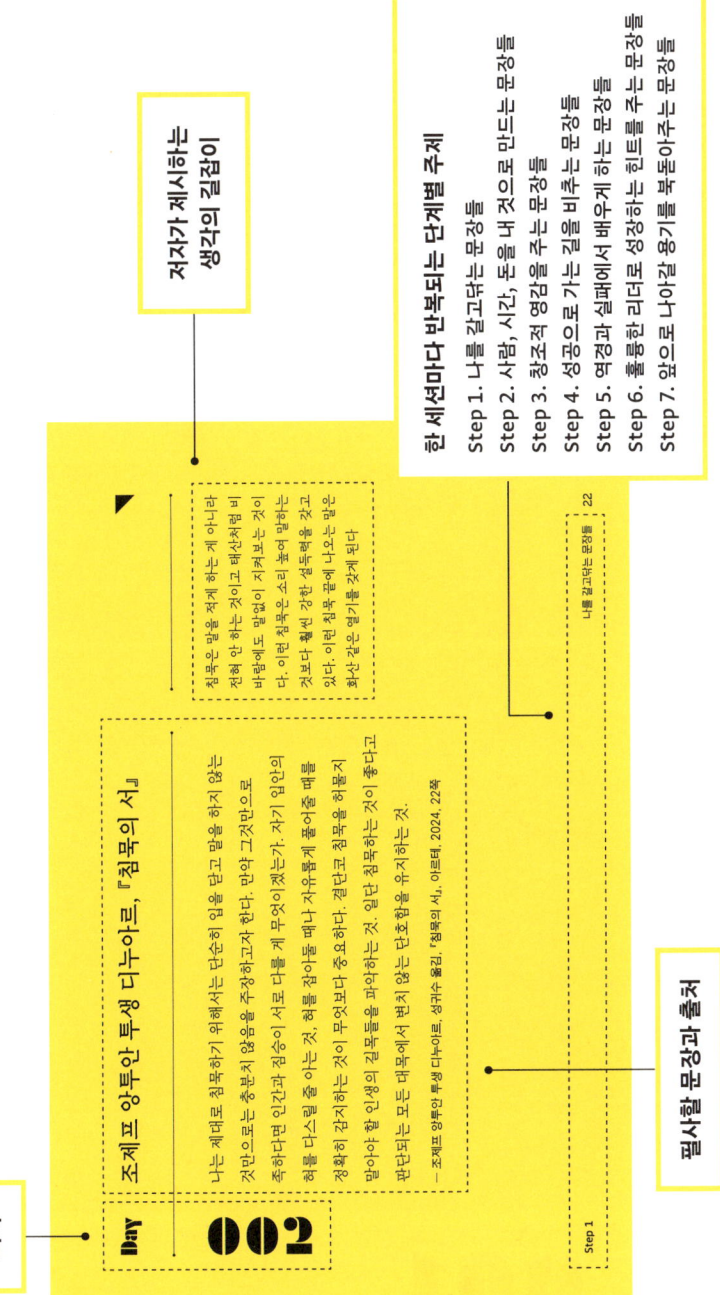

Day 001

찰리 멍거

"나는 끊임없이 이런 부류의 성공한 사람들을 봅니다. 가장 똑똑하지도, 심지어 가장 부지런하지도 않지만, 항상 배우는 사람 말입니다. 매일 밤, 그들은 일어났을 때보다 조금 더 현명해져서 잠자리에 듭니다. 이것이 얼마나 도움이 되는지 모릅니다. 특히 앞으로 긴 여정이 기다리고 있을 때는 더욱 그렇죠."

— 2007년 5월 13일 서던캘리포니아 대학교(USC) 법학대학원 졸업식 축사

무엇을 목격하건 누구를 만나건 진공의 자기 세계에 머물러 변화하지 않는 사람은 얼마나 위험한가? 사람은 끊임없이 세계와 관계 맺고, 더 많은 세계를 자기 안으로 들여 매일 변화해야 한다. 호기심 품기, 깊이 관찰하기, 곁에 있는 사람의 말을 경청하기. 이것은 고귀한 능력이며 그로부터 진정 배우고 깨치는 사람은 매일 새롭게 태어나 자신을 갱신하게 된다. 그런 이가 성공의 자리에 도착하는 것이 전혀 놀랍지 않다.

MEMO

Day

그들은 스테이크가 아니라
지글거리는 소리를 판다.
- 밥 로틀 -

Day 조제프 앙투안 투생 디누아르, 『침묵의 서』

002

나는 제대로 침묵하기 위해서는 단순히 입을 닫고 말을 하지 않는 것만으로는 충분치 않음을 주장하고자 한다. 만약 그것만으로 족하다면 인간과 짐승이 서로 다를 게 무엇이겠는가. 자기 입안의 혀를 다스릴 줄 아는 것, 혀를 잡아둘 때나 자유롭게 풀어줄 때를 정확히 감지하는 것이 무엇보다 중요하다. 결단코 침묵을 해물지 말아야 할 인생의 침묵들을 파악하는 것. 일단 침묵하는 것이 좋다고 판단되는 모든 대목에서 변치 않는 단호함을 유지하는 것.

— 조제프 앙투안 투생 디누아르, 성귀수 옮김, 『침묵의 서』, 아르테, 2024, 22쪽

침묵은 말을 적게 하는 게 아니라 전혀 안 하는 것이고 태산처럼 비바람에도 말없이 지켜보는 것이다. 이런 침묵은 소리 높여 말하는 것보다 훨씬 강한 설득력을 갖고 있다. 이런 침묵 끝에 나오는 말은 화산 같은 열기를 갖게 된다.

MEMO

Day

Day 003

하워드 슐츠,
『스타벅스—커피 한 잔에 담긴 성공신화』

올바른 멘토 앞에서는 자신의 약점을 노출하는 것을 겁내지 말아라. 모르는 것은 모른다고 깨끗이 인정하라. 자신의 약점을 인정하고 충고를 구할 때 사람들이 얼마나 많은 것을 도와줄 수 있는가를 안다면 놀랄 것이다.

— 하워드 슐츠 외, 홍순명 옮김, 『스타벅스—커피 한 잔에 담긴 성공신화』(개정판), 김영사, 2022, 215쪽

모든 것을 알고 있는 존재는 신밖에 없다. 모름을 인정하고 정확한 사람에게 적극적으로 도움을 구하자. 멘토는 가만있으면 저절로 주어지는 존재가 아니다. 스스로 찾아내서 정취하는 존재다. 특별히 이타적으로 보이지 않는 사람들도 솔직하게 도움을 구해오는 상대를 거절하기란 어려운 일이다.

MEMO

Day

Day 밤 프록터, 『밤 프록터 부의 시크릿』

004

세일즈맨은 물건을 아니라 해택을 팔라고 배운다. 그들은 스테이크가 아니라 지글거리는 소리를 판다. 엘머 휠러는 말했다. "사람들은 0.5센티미터 드릴을 원해서 그 드릴을 사는 것이 아닙니다. 0.5센티미터 구멍을 원하기 때문에 0.5센티미터 드릴을 산다." 기억하라. 중요한 것은 해택이다. 해택. 해택을 잊지 마라. 다른 사람을 기쁘게 만들어라. 당신의 마음에 다른 사람이 나은 삶을 즐기는 그림을 그려라. 그 이미지를 그 사람에게 전달하라. 그러면 우주는 모든 긍정의 입자를 당신에게 되돌려보낼 것이다.

— 밥 프록터, 최은아 옮김, 『밥 프록터 부의 시크릿』, 부키, 2023, 408~409쪽

상품을, 서비스를, 혹은 자신의 재능을 팔고자 할 때는 상대의 마음부터 들여다보자. 그 마음이 '니즈'다. 머릿속에서 그 사람이 되어 그 사람이 원하는 것이 무엇인지 구체적으로 상을 그려보자. 모든 발짝이는 아이디어는 상상의 디테일에서 비롯된다.

MEMO

Day

Day 005

마크 맨슨, 『신경 끄기의 기술』

성공을 결정하는 질문은 '나는 무엇을 즐기고 싶은가'가 아니라, '나는 어떤 고통을 견딜 수 있는가'다. 행복으로 가는 길에는 똥 덩어리와 치욕이 널려 있다.

당신은 뭔가를 선택해야 한다. 고통 없이 살 수는 없다. 꽃길만 걸을 수도 없다. (…) 당신은 어떤 고통을 견디고 싶은가? 이는 무척 어렵고도 중요한 질문이며, 당신을 실제로 나아가게 해 주고 사고방식과 삶을 바꿔줄 수 있는 질문이다. 이 질문이 나를 나로, 당신을 당신으로 만든다.

— 마크 맨슨, 한재호 옮김, 『신경 끄기의 기술』, 갤리온, 2017, 43쪽

여러 선택지 중 하나를 택해야 할 때 유용한 방법은, 각각의 장점이 아니라 단점을 나열해 보는 것이다. 단점 목록을 점검하는 것 자체가 내가 중요하게 여기는 가치의 기준이 될 수 있다. 어떤 단점까지 감수하고도 그것을 하고자 하는가? 이 질문이 내 안에 숨어 있던 열망을 일깨워줄 것이다.

MEMO

Day

Day　오프라 윈프리

006

"우리는 모두 넘어지고, 시련을 겪습니다. (…) 저는 매번 실패, 위기, 힘든 시기를 겪을 때마다 스스로에게 이렇게 묻습니다. '이 경험이 나에게 가르쳐주려는 건 무엇일까?' 그 교훈을 제대로 깨닫는 순간, 우리는 그 상황을 벗어나 앞으로 나아갈 수 있습니다. 교훈을 제대로 받아들이면 시험에 합격한 것이고 재수강을 하지 않아도 됩니다.

하지만 만약 깨닫지 못하면 그 수업은 다른 옷을 입고 다시 나타나 우리에게 보충수업을 요구할 것입니다. (…) 그러니 '왜 이런 일이 일어났을까?'라고 묻기보다는 '이 일이 나에게 무엇을 가르치려는 걸까?'라고 질문해보세요. 그 질문이, 여러분이 지금 필요한 교훈을 배우는 자리로 여러분을 이끌어줄 것입니다."

— 2008년 6월 15일 스탠퍼드 대학교 졸업식 축사

철이 강도와 경도를 결정하는 담금질은 장인의 핵심 기술이다. 담금질은 단순히 뜨거운 철을 차가운 액체에 담그는 작업이 아니다. 철을 가열하는 온도와 냉각 액체의 온도 및 체류 시간, 횟수 등 다양한 조건을 정교하게 고려해야 질 좋은 철이 탄생한다. 나에게 찾아온 부정적인 경험을 하루를 흘러보내지 말자. 실패는 대처 능력을 연마할 기회다. 성장의 양분을 발견할 장소다. 역경의 시간을 장인의 태도로 대할 때 나는 절대 부러지지 않는 검이 된다.

MEMO

Day . .

Day 007

묵자, 『묵자』

좋은 활은 잡아당기기가 어렵지만
화살을 높이 다다를 수 있게 하며 깊이 들어갈 수 있게 한다.
좋은 말은 타기가 어렵지만
무거운 것을 싣고 멀리까지 다다를 수 있다.
좋은 인재는 부리기가 어렵지만
군주로 하여금 존경을 받을 수 있도록 한다.

(良弓難張, 然可以及高入深; 良馬難乘, 然可以任重致遠; 良才難令, 然可以致君見尊.)

— 묵자, 최환 옮김, 『묵자』, 을유문화사, 2019, 23쪽

▶

귀한 것을 어렵게 구해야 한다. 쉽게 얻어진 것이 금방 부서지는 법이다. 구하기 어렵다고 물러나선 안 된다. 마침내 구한 것이 든실한 날개가 된다. 큰 강은 개울물을 두려워하지 않는다고 묵자는 말했다. 좋은 활과 좋은 말과 좋은 인재가 들어와 나의 강에서 힘껏 흐르게 하자.

훌륭한 리더로 성장하는 힌트를 주는 문장들 32

Step 6

MEMO

Day

Day 008

세스 고딘, 『린치핀』

우리는 스스로 천재가 아니라고 지금까지 세뇌당한 것이 분명하다. 적당한 수준에서 일을 하고, 적당한 수준으로 돈을 벌고, 꼭 해야 할 일만 한다. 이렇게 세뇌당한 것은 우리가 동의했기 때문이다. 우리의 저항은 그런 낮은 기대를 좋아한다. 저항이라는 존재를 깨닫고 인식하고 나면, 또 저항의 목소리가 어떤 것인지 알고 나면, 자신이 정말 천재라는 사실을 훨씬 쉽게 받아들일 수 있다. 저항을 만드는 통찰, 창조, 관계를 지닌 앞 사람만큼 자신에게도 그런 능력이 있다는 것을 알게 될 것이다.

소금은 음식에 맛을 내지만 지나치게 사용하면 음식을 버린다. 절제된 겁쟁이는 인품을 빛나게 하지만 지나치친 겸양은 도리어 눈살을 찌푸리게 한다. 그것은 자신을 낮추는 동시에 나의 가능성을 믿는 상대까지 깎아내리는 일이다. 자신은 그저 천 번의 성공하지 못한 방법을 발견했을 뿐이라고 말했던 에디슨을 기억하자. 나의 천재성을 믿고 한 번 더 도전하자.

— 세스 고딘, 윤영삼 옮김, 『린치핀』, 필름, 2024, 232쪽

MEMO

Day

삶이 시다 못해
써디쓴 레몬을 내민대도
당신은 그것으로 레모네이드를
만들 수 있다.

- 프랭크 크레인

Day 009 리처드 브랜슨

"우리 인생의 80%는 일하면서 보낸다. 우리는 퇴근 후에 재미를 찾으려 하는데, 왜 직장에서 찾으면 안 되나?"

버진 그룹 창업자 리처드 브랜슨이 『논어』를 읽었을까? "아는 것이 좋아하는 것만 못하고, 좋아하는 것이 즐기는 것만 못하다[知之者不如好之者, 好之者不如樂之者]." [옹야] 편에 나오는 말이다. 단순한 진리는 동서고금을 막론하고 통한다. 복잡하게 생각할 것 없다. 어차피 해야 할 일이라면 즐겁게 하는 편이 좋다. 그렇지 않은가?

MEMO

Day

Day 마르쿠스 아우렐리우스, 『명상록』

010

지금 바로 이 순간에 죽을 수도 있는 사람처럼 모든 것을 행하고 말하고 생각하라.

설령 네가 삼천 년, 아니 삼만 년을 살 수 있다고 할지라도, 지나가는 것은 오직 지금 살고 있는 삶이고, 너는 지나가는 삶 외에 어떤 다른 삶을 사는 것이 아님을 명심해야 한다.

— 마르쿠스 아우렐리우스, 박문재 옮김, 『명상록』, 현대지성, 2018, 47, 50쪽

세 가지 질문이 있다. 첫째, 앞으로 10년밖에 못 산다면? 마음속에 떠오른 답을 품고 두 번째 질문에 답하라. 둘째, 딱 1년밖에 못 산다면? 이제 그 답을 갖고 마지막 질문에 답하라. 셋째, 내게 단 하루의 시간만이 남았다면? 바로 그것이 나의 최우선 과제임을 기억하라.

MEMO

Day

Day

프란츠 카프카

011

"나는 사람들이 물어뜯고 찌르는 책만 읽어야 한다고 생각해. 우리가 읽는 책이 주먹질처럼 우리의 머리를 때려서 잠에서 깨우지 않는다면 도대체 왜 책을 읽는 거지? 네가 말한 것처럼 행복해지기 위해서? 맙소사, 우린 책이 없어도 행복할 수 있어. (…) 책은 우리 내면의 얼어붙은 바다를 깨뜨리는 도끼여야 해."

— 1904년 1월 27일 친구 오스카 폴락에게 보낸 편지

책이 도끼라는 말은 '굳어 있던 생각을 부수고, 파헤치고, 상상이 흐르는 중 새로운 생각을 건설하도록 하는 것이 책이라는 의미다. 그러니 책은 나의 한계를 무한히 확장하는 마법이며 존재하는지도 모른 채 존재했던 비밀의 방문을 여는 열쇠다. 창조적 사고를 빠르고 손쉽게 훈련하고 싶다면 책을 펼치자. 나를 부수는 책을 찾아 생각의 여행을 떠나보자.

MEMO

Day

Day

012

엘 나이팅게일, 『성공은 이미 내 안에 있다』

성공한 사람은 대부분 위험 감수자이다. 즉 그들은 자기 생각을 믿고, 목표를 향해 나아가고, 스스로 옳다고 믿는 것을 옹호할 위험을 감수한다. 그들은 자신의 신념 때문에 남과 달라질 위험을 무릅쓴다. (…) 위험 감수자는 실패가 아무런 문제가 되지 않는다는 사실을 알고 있다. 하지만 안전지대에만 머무르는 사람은 실패가 인생의 종말과도 같다고 생각한다.

— 엘 나이팅게일, 최은아 옮김, 『성공은 이미 내 안에 있다』, 오아시스, 2024, 199쪽

삶을 걸고 쟁취하고자 하는 것을 발견했다면, 그것은 얼마나 큰 행운인가? 그런 행운아들은 위험이나 실패에도 아랑곳하지 않는다. 아니, 그것을 위험이나 실패라고 여기지도 않는다. 쟁취하는 과정에 맞닥뜨린 위험은 돌파구를 찾을 기회로, 어쩔 수 없이 마주한 실패는 같은 실수를 반복하지 않을 귀중한 경험으로 만들어버린다. '위험'이 감수'라는 말이 그들에게는 '성공'을 향한 도약'이라는 말이다.

MEMO

Day

Day 013

프랭크 브루니, 『상실의 기쁨』

삶이 시다 못해 쓰디쓴 레몬을 내밀 때도 당신은 그것으로 레모네이드를 만들 수 있다. (…) 한 친구는 내 상황을 제시 있게 한 줄로 요약했다. "한쪽 눈이 감기면 다른 쪽 눈이 뜨인다." 나는 한쪽 눈으로 더 열심히 더 오래 바라보았다. 내 주변의 모든 것을 전보다 정성껏 바라보았다. 나는 우리가 삶에서 만나는 사람들에 관해 아는 것이 너무 없다는 것을 깨달았다. (…) 그들을 여러 조각으로 편집해 그중 가장 덜 복잡하고 가장 즉각적인 즐거움을 주는 부분만을 취하기 때문이다. 그들에게는 우리가 충분히 알아보지 못한 마음의 상처가, 우리가 충분히 주앙하지 않은 승리가 있다. 뇌졸중 이후 처음 맞은 아침, 나는 그 사실에도 눈을 떴다.

갑작스러운 뇌졸중으로 한쪽 시력을 잃자 다른 세상에 '눈을 떴다'고 말하는 사람은 얼마나 위대한가. 상대 선수가 온 힘을 다해 내리꽂는 스파이크를 가벼운 반동으로 리시브하는 배구 리베로의 플레이는 언제나 호쾌하다. 삶이 무엇을 내던지든 가볍게 받아내자. 무엇을 되받아 나를 막고 있던 벽을 허물자. 열린 틈으로 기세 좋게 나아가자.

— 프랭크 브루니, 홍정인 옮김, 『상실의 기쁨』, 웅진지식하우스, 2023, 40~41쪽

MEMO

Day

Day 014

모리타 아키오

나의 경영이념은 '소니와 이해관계에 있는 모든 사람들에게 행복을 선사하는 것'이다. 그중에서도 특히 직원들의 행복이 나의 최대 관심사이다. 그들은 한 번밖에 없는 인생의 가장 소중한 시기를 소니에 맡긴 사람들이기 때문에 반드시 행복해져야 한다. 직원에 대한 나의 최대 사명은 그들이 세상을 떠날 때, '소니에 근무해 정말 행복했다.'라고 생각하도록 만들어주는 것이다.

경영의 최우선 목표를 두고 여러 이야기가 있지만 나는 직원 행복론에 한 표를 던지고 싶다. 주주도 고객도 중요하지만 가장 중요한 것은 직원이다. 일은 직원이 하는 것이기 때문에 직원이 행복하지 않으면 사업이 잘되기 어렵고 회사가 성장하기는 더더욱 어렵다.

— 사단법인 행복한성공, 「행복한 경영 이야기」 제263호, 2004년 11월 11일 자

MEMO

Day

Day 015 워런 버핏

"여러분은 무엇이든 되고 싶은 대로 될 수 있습니다. 여러분이 서른이든, 마흔이든, 쉰이든, 갓 서른을 가질 때는 바로 지금입니다. 우리 몸과 마음은 하나밖에 없습니다. 따라서 잘 돌보십시오. 인생에 되감기 버튼은 없습니다."

— 앤드루 킬패트릭, 안진환·김기준 옮김, 『투자의 신』, 월북, 2021, 55쪽

시간은 돌이킬 수 없다. 아무리 원해도 스물로 돌아갈 수는 없다. 그 사실에 아쉬워하는 자도 하수다. 고수는 다가올 시간을 내 것으로 만든다. 지금 행동하는 것이다. 꿈을 향한 열망은 결코 나이와 타이밍에 구속되지 않음을 고수는 안다. 자신을 끊임없이 갱신하는 구루들을 떠올려보자.

MEMO

Day

자신의 목표에
가까이 다가가는 자는
훌륭한 죽음이다.
- 프리드리히 니체

Day 016

빌헬름 슈미트, 『철학은 어떻게 삶이 되는가』

쾌활함의 기본은 균형 잡힘과 잘 조직되고 잘 평형이 이루어진 자기, '폭풍 한가운데에서도' 한결같음을 보존하며 '가벼운 마음으로' 많은 것을 받아들일 수 있는 확고부동한 영혼이다. 즉 쾌활함이 기본은 자기강화의 달성인 것이다.

그리스어 '에우티미아euthymia'는 마음이 평안한 상태, 평정의 상태라는 의미다. 세네카는 확고부동한 판단력을 가진 사람만이 마음의 평정을 가질 수 있다고 말했다. 그런 사람은 폭풍의 시련에도 흔들리지 않는다. 반복해 찾아오는 삶이 비극에도 안정된 미소를 짓는다. 쾌활하기 때문이다. 쾌활이란 단순한 명랑이 아니며, 근엄하게 트인 마음으로 앞을 바라보는 능력이다. 쾌활한 사람은 불안과 우울을 인정하되 희망하기를 멈추지 않는다.

─ 빌헬름 슈미트, 장영태 옮김, 『철학은 어떻게 삶이 되는가』, 책세상, 2017, 253쪽

MEMO

Day

Day 017

발타사르 그라시안 이 모랄레스, 『사람을 얻는 지혜』

지인의 결점에 익숙해져라. 추한 얼굴에 익숙해지는 것처럼, 지인의 결점에도 익숙해져야 한다. 의존적인 관계에 있을 때는 더욱 그래야 한다. 함께 살아갈 수 없을 정도로 고약해도, 함께 살아갈 수밖에 없는 사람들이 있다. 따라서 주한 얼굴에 익숙해지듯 그들에게 익숙해지는 것도 삶에 필요한 수완이다.

— 발타사르 그라시안 이 모랄레스, 김유경 옮김, 『사람을 얻는 지혜』, 현대지성, 2022, 149쪽

세상에 완전히 자기 마음에 드는 인간은 없다. 우리는 모두 서로의 삶은 점을 어느 정도 견디며 살아간다. 그게 직장 상사나 동료, 부하 직원처럼 쉽게 연을 끊기 어려운 상대라면 때로 한쪽 눈을 감는 일도 필요하다. 그것은 그들을 위한 일이 아니라 나 자신을 위한 일이다.

MEMO

Day

Day  오스카 와일드, 『윈더미어 부인의 부채』

우리 모두가 시궁창에 처박혀 있을 때 우리들 중 누군가는 하늘의 별을 쳐다보고 있다.

— 오스카 와일드, 오경심 옮김, 『윈더미어 부인의 부채』, 동인, 2022, 188쪽

넷플릭스의 CEO 리드 헤이스팅스는 비디오 대여점이 망하던 직업이었다. 수많은 영화를 섭렵한 그가 추천하는 작품을 손님들은 좋아했다. 더 큰 회사에 더 높은 직책으로 옮겨가며 승승장구하던 그는 운명처럼 넷플릭스에 합류했다. 넷플릭스가 아직은 보잘것없던 시절이었다. 그러나 그는 새로운 기회를 잡았고, 변화를 두려워하지 않았다. 잠시 현실에서 눈을 돌려 고개를 들자. 거기 새로운 가능성이 나를 향해 있을 것이다.

MEMO

Day

Day

알프레드 아들러, 『항상 나를 가로막는 나에게』

열등감을 강하게 경험했던 사람이야말로 무엇인가 이루려는 욕망과 열정을 강하게 느낀다. 성공한 사람들이 대부분 어두운 과거를 가진 것은 우연이 아니다. 열등감을 해결하려고 고군분투했던 사람이 결국 무엇인가를 이루어내는 것이다.

— 알프레드 아들러, 변지영 엮음, 『항상 나를 가로막는 나에게』, 카시오페아, 2014, 69쪽

하기, 갈증, 상실… 결핍이 최고의 원동력이 되는 경우를 나는 숱하게 보았다. 그래서 직원을 채용할 때 그가 어떤 결핍을 가지고 있는지, 그 결핍의 정도가 얼마나 되는지를 들여다본다. 결핍으로 지금과 달라지고 싶다는 욕망을 낳고, 오늘보다 나은 내일을 향해 움직이게 한다.

MEMO

Day

Day 020 아나이 다다시

내 과거도 실패의 연속이었다. 연전연패라 해도 좋을 정도다. 그래도 치명적인 실패는 하지 않았다. '이 정도 실패라면 견딜 수 있다.'고 느끼는 범위 내에서만 도전한 덕분에 어떻게든 헤쳐나갈 수 있었다. 그리고 실패했을 깨달은 후에는 재빨리 물러섰다. 실패한 사업에 계속 매달리면 회사의 적자들을 장래성 없는 일에 묶어두게 된다. 그들의 인생을 낭비하게 만들어서는 안 된다.

— 레이 크록, 이영래 옮김, 『사업을 한다는 것』, 센시오, 2019, 15쪽

실패를 깨끗이 받아들이고 잠시 물러나야 할 때도 필요한 법이다. 물러선 그곳에서 실패의 시작과 모든 과정을 낱낱이 검토하는 것 또한 도전임을 기억하자. 실패가 건네는 뜨거운 선물을 가까이 받아낼 용기가 나에게 있는가? 펄펄 끓는 그 쇳물 안에 금덩이가 있을 것이다.

MEMO

Day

Day 021 정주영, 『이 땅에 태어나서』

나와 같이 일하고 있는 직원들이 지금 21만 명쯤 된다. 우리식의 사고방식으로, 내가 그 많은 사람들을 벌어먹여 살리고 있다는 말을 하는 이도 있지만, 나는 그 말에 동의하지 않을뿐더러 오히려 반대로 그들이 나를 호강시키고 있는 것인지도 모른다는 생각을 한다. 사람은 피차 도와가면서 사는 것이지 어떤 사람이 어떤 사람을 먹여 살린다는 생각은 옳지 못하다. 흔히들 '내가 데리고 있는 사람'이라는 표현을 쓰기도 하고 같은 직장에서 '누가 누구를 키웠다'는 말들도 쉽게 하는데, 그것은 어리석은 재기이며 보기 싫은 오만이다.

— 정주영, 『이 땅에 태어나서』, 솔, 2011, 361~362쪽

진정한 리더는 함께 일하는 사람들이 노력과 조용한 헌신이 지금의 나를 만들고 있음을 안다. 판게는 위에서 아래로 던져지는 빛줄이 아니라, 옆으로 내미는 손이다. 리더와 구성원들은 서로 영향을 주고받으며, 서로를 키우고 있는 것이다. 서로를 먹여 살리고 있는 것이다.

MEMO

Day

Day 022

프리드리히 니체, 『차라투스트라는 이렇게 말했다』

어떤 자가 자신의 길을 가는지 알려면 그의 걸음걸이를 보면 된다. 내가 걷는 모습을 보라! 그런데 자신의 목표에 가까이 다가가는 자는 춤을 추는 법이다. 대지에 수렁과 깊은 슬픔이 있다 하더라도, 발이 가벼운 자는 진창 위를 사뿐히 걸으며 반반한 얼음 위에서처럼 춤을 춘다.

― 프리드리히 니체, 홍성광 옮김, 『니체의 지혜』, 을유문화사, 2018, 26쪽

발이 가볍다는 건 진중하지 못하다는 뜻이 아니다. 절망 위에서도 꺾이지 않는 리듬을 가졌다는 뜻이다. 삶이 진창을 만나도 푹 빠지지 않고, 오히려 그 위에서 한 박자 느리지만 당당하게 스텝을 밟을 줄 아는 사람. 그가 바로 자신의 길을 가는 사람이다. 나의 걸음걸이는 어떤가? 오늘 하루 가벼운 발로 춤추듯 진창을 건너자. 수렁이든 얼음판이든, 결국 나아가는 건 내 발이다.

MEMO

Day

훌륭한 리더는 훌륭한 교관이라기보다는 좋은 역할을 하는 사람이다.
— 존 맥스웰

Day 023

장자, 『장자』

방이 텅 비어 있을수록 더 많은 빛이 들어오듯이 마음이 무에 가까우면 가까울수록 도의 활동은 현저해진다. 무심의 경지에 도달하지 않는 한 잠시도 마음이 평안할 수 없다. 북된 것은 오로지 딸 달릴 뿐 막상 할 수 있는 것이 없이 앉아 있는 상태를 '좌치坐馳'라고 했다. 비즈니스쁜 아니라 일상에서도 선택과 집중은 매우 중요하다. 그런데 선택과 집중 이전에 반드시 해야 할 것은 포기다. 포기하지 않으면 선택할 수 없다. 최선의 선택은 포기다. 선택하지 못해서 집중하지 못하는 것이 아니라 포기하지 못해서 집중하지 못하는 경우가 대부분이다.

'앉아 있다[坐]'라는 말과 '달리다[馳]'라는 말이 공존할 수 있을까? 장자는 다급한 나머지 마음만 달릴 뿐 막상 할 수 있는 것 없이 앉아 있는 상태를 '좌치坐馳'라고 했다. 비즈니스쁜 아니라 일상에서도 선택과 집중은 매우 중요하다. 그런데 선택과 집중 이전에 반드시 해야 할 것은 포기다. 포기하지 않으면 선택할 수 없다. 최선의 선택은 포기다. 선택하지 못해서 집중하지 못하는 것이 아니라 포기하지 못해서 집중하지 못하는 경우가 대부분이다.

— 장자, 한덕수 엮고 옮김, 『하루 10분 장자』, 메디치미디어, 2024, 61쪽

MEMO

Day

Day 024

공자, 『논어』, 「자한」 편

추운 한겨울이 되어서야 소나무와 잣나무가 시들지 않음을 안다.

(歲寒然後, 知松柏之後彫.)

제주에서 유배 중인 추사 김정희에게 제자 이상적은 밖으로 난 창같은 존재였다. 스승에게 귀한 책들을 구해 꾸준히 보내준 사람이 그였다. <세한도>는 제자를 향한 고마운 마음을 담아 그린 작품으로, 김정희는 『논어』에 등장하는 공자의 이 말을 그림과 함께 새겨 이상적에게 선물했다. 진실한 모습은 위기의 순간에 드러난다. 추울 때도 시들지 않는 소나무 같은 존재를 곁에 두는 것. 그만한 성공은 없을 것이다.

MEMO

Day

Day 025

폴 보가드, 『잃어버린 밤을 찾아서』

이 헤아릴 수 없이 많은 별들에서, 색색의 별들이 무리에서, 빛나는 먼지와 별들의 '쏟아지는' 빛줄기에서 우리는 늘 아름다움을 느꼈다. 이 아름다움 덕분에 우주의 압도적인 크기가 덜 위협적으로 느껴졌고, 지구 자체의 아름다움도 더욱 경이롭게 다가왔다. 만약 정말로 밤하늘이 너무나 광막해서 무의미하게 느껴진다면, 그 의미를 이 땅에서 찾으면 된다. 밤하늘이 분명히 알려주듯, 우리가 찾아갈 곳은 다른 데가 아니다. 어두운 곳으로 가자.

별빛은 아름답지만 사방이 어두울 때에야 비로소 눈에 띈다. 깊은 어두움은 두려움을 주지만, 그 어두움 공허가 아니라 새로운 별을 발견할 가능성이다. 어두운 곳으로 가자. 고요한 곳으로 가자. 그제야 보이는 창조성의 별빛 무리를 발견하자.

— 폴 보가드, 노태복 옮김, 『잃어버린 밤을 찾아서』, 뿌리와이파리, 2014, 25쪽

MEMO

Day

Day 데일 카네기, 『데일 카네기 인생경영론』

026

성공을 하려면 먼저 선 투자를 하고 후 보상을 기다려야 한다. (…) 반짝이는 사과의 고사㈎死를 보았는가? 먼지를 뒤집어쓰고 있는 여러 일의 사과 중에 유독 어떤 사과만 반짝반짝 빛난다고 생각해 보라. 많은 사과들 중 어떤 것이 선택되었겠는가? 성공의 제1요건은 자기 몸에 먼지가 앉지 않도록 열심히 갈고닦는 것이다.

— 데일 카네기, 이종인 옮김, 『데일 카네기 인생경영론』, 현대지성, 2023, 286쪽

사소한 것을 대하는 태도가 전부를 말한다. 성공을 원하는 사람이 자기 수련을 게을리한다면 아무리 화려한 꿈인도 모래 위에 세워진 것과 다르지 않다. 조급하게 성공을 바라지 말자. 지금 선 곳은 성공으로 가는 첫 번째 계단이다. 여기 서서 내게 주어진 몫을 완벽하게 해내자. 여기서 얻을 수 있는 그 모든 배움과 모든 실패, 모든 가능성을 전부 내 것으로 만들자. 지금은 성공을 위한 투자의 시간임을 잊지 말자.

MEMO

Day

Day 027 힐링 가게, 『생각만큼 어렵지 않다』

남미 최고의 동반가로 손꼽히는 로드리고 요르단은 최근 내게 자신이 지금까지 오르려고 시도한 봉우리가 300여 개가 넘는다는 말을 한 적이 있다. 그가 성공적으로 올랐던 봉우리는 두 번 오른 에베레스트를 포함해서 100여 곳이다. 나머지 200여 곳은 포기했다.

"그래서 내가 지금까지 살아있는 거지." 그는 말했다.

나는 자신의 실패에 느긋한 태도를 보이는 그를 보며 기분 좋은 놀라움을 느꼈다. 물론 그중 몇 번의 실패를 통해서는 시기가 섞여 창피함을 느꼈을 테고 지금도 여전히 그렇게 느낄 게 분명하지만, 성공과 실패가 서로 배타적이지 않다는 사실을 이해하는 사람을 만나는 건 아주 드문 일이다.

― 힐링 가게, 강성희 옮김, 『생각만큼 어렵지 않다』, 라이온북스, 2011, 123쪽

실패라는 단어를 재정의하자. 실패는 탐험이다. 데이터를 적립하는 일이다. 성공이라는 봉우리에 이르게 하는 사다리다. 높은 봉우리만을 산이라고 부르지 않듯, 성공은 그의 몇 뼘에 해당하는 실패와 함께 이루어져 있음을 기억하자.

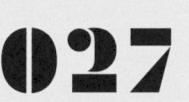

MEMO

Day

Day 028 존 맥스웰, 『존 맥스웰 리더십 불변의 법칙』

사람들은 리더가 한 말을 믿지 않을 때도 있지만 리더가 한 행동은 대체로 믿는다. 그리고 그 행동을 따라 한다. 콜린 파월은 이렇게 말했다. "당신이 아무리 많은 지침을 내리고 동기부여를 불러일으키는 연설을 한다고 해도, 사람들에게 매일 최선의 노력을 다하는 모습을 보여주지 않으면 그들도 최선을 다하지 않을 것이다." 작가 데이비드 휘틀리 역시 이렇게 말했다. "훌륭한 리더는 훈련 교관이라기보다는 촉매 같은 역할을 하는 사람이다. 그는 영리한 사람들이 가까이 따를 만한 분위기를 조성하며 명령하기보다는 설득한다." 자신의 믿음을 스스로 실천하는 것보다 더 설득력이 있는 모습은 없다.

리더는 솔선수범하는 사람이어야 한다. '어떻게 행동하느냐?'는 말보다 강력한 언어다. 내 하루하루의 행동이 곧 조직에 전하는 메시지다. '이 사람이라면 따라가도 좋겠다?'는 신뢰도 화려한 언변이나 가장한 비전보다 일관된 태도에서 비롯된다.

— 존 맥스웰, 박영준 옮김, 『존 맥스웰 리더십 불변의 법칙』, 비즈니스북스, 2023, 234쪽

MEMO

Day

Day 029

페르낭 브로델, 『물질문명과 자본주의 1』

아무리 거대한 대양이라고 하더라도 일찍부터 인간의 모험이 펼쳐지지 않아서 그 비밀이 드러나지 않은 바다는 없었고(…), 접근하고 통과하는 것이 완전히 불가능한 산맥이 없었으며, 인간이 이리저리 뚫고 들어가보지 않은 숲이나 인간이 통과해보지 못한 사막이 없었다.

— 페르낭 브로델, 주경철 옮김, 『물질문명과 자본주의 1』, 까치, 2024, 77쪽

도전은 인간이 변하지 않는 DNA다. 인간과 비인간을 구분하는 핵심 기준이기도 하다. 역사상 인간이 도전을 포기한 적은 없다. 원하는 것은 모두 이뤄왔다. 단지 시간이 걸렸을 뿐이다.

MEMO

Day

Session 5

발견은 늘 우리 존재의 이유였다.
— 알렉스 퍼거슨 —

Day 키스 해링, 『키스 해링 저널』

030

또 내가 더 적게 말하고 더 부지런히 움직이며, 더 많은 것을 보고 배우고 사랑하고 느낄 수 있으면 좋겠다. 느낄 틈도 없이 엉덩이가 닳아 없어질 때까지 일만 하고 싶다. 일은 내 친구이고 가장 중요한 거니까!

— 키스 해링, 강주헌 옮김, 『키스 해링 저널』, 작가정신, 2010, 59쪽

지하철역, 담벼락, 쓰레기장…… 키스 해링은 1980~1985년 사이 공공장소에 수백여 점의 그림을 남겼다. 거리의 즐거운 예술가이자 팝아트의 상징이었던 화가가 자신의 일기에 가장 많이 남긴 말은 '그리고 싶다'는 것이었다. 그렇게 애타게 하고 싶은 일이 있는가? 엉덩이가 닳아 없어질 때까지?

MEMO

Day

Day 031

팀 페리스, 『타이탄의 도구들』

사람의 마음을 얻으려면 그 사람의 마음을 열고 들어가는 것만으로는 부족하다. 그 사람의 마음이 '남아야 한다'. 마음에 남아 오랫동안 그 사람의 옆에 있어주는 것이다. (…) "뭔가 충격적이고 독특한 것을 주려고 애쓰지 마라. 그냥 따뜻하고 좋은 것을 주면 된다. '좋은 것'만이 언제나 영원히 남는다."

— 팀 페리스, 박선령·정지현 옮김, 『타이탄의 도구들』, 토네이도, 2021, 221쪽

흔히 사회생활에서 인간관계를 이해타산으로만 따지는 것이 마치 유능한 척도인 듯 이야기들 한다. 그러나 공적인 관계라고 해서 완전히 다른 법칙이 지배할 리 있겠는가. 사람과 사귀기에 '진심' 만큼 강력한 도구는 없다. 배려, 친절, 응원, 도움. '좋은 것'들을 주자. 그러면 '좋은 것'들을 받게 된다.

MEMO

Day

Day 032

이해선, 『생각의 크기가 시장의 크기다』

우연한 발견은 우리가 뻔한 경계를 넘을 때 일어난다. 그리고 스쳐 지나가는 기회를 알아보고 행운으로 만들기 위해서는 통찰력과 열린 마음이 필요하다. 모든 우연한 행운은, 사실 필연인 것이다.

— 이해선, 『생각의 크기가 시장의 크기다』, 세이코리아, 2024, 193쪽

한국 마케팅의 전설 이해선 전 아모레퍼시픽 마케팅 총괄 부사장이 역시 마케팅 대가인 컬럼비아 대학교 비즈니스스쿨의 번드 슈미스 교수와 제주의 녹차밭을 둘러볼 때였다. 스미스 교수가 문득 아이디어를 던졌다. "녹차를 화장품에 넣는다는 생각을 해보신 적이 있습니까?" 이 전 부사장은 이 한마디를 놓치지 않았다. '그린티' 화장품이 탄생한 순간이었다. 때로 우리는 스스로 그어놓은 선을 벽으로 착각한다. 하지만 과감하게 그 선을 넘을 때 비로소 새로운 길이 보인다.

MEMO

Day

Day 033

새뮤얼 스마일즈, 『새뮤얼 스마일즈의 인생 수업』

최고의 진전은 느리게 이루어지는 법이다. 위대한 업적은 단번에 성취할 수 있는 것이 아니다. 그렇기에 우리는 마치 한 걸음 한 걸음 걸어가듯 인생에서 서서히 일어나는 발전에 만족해야 한다. 프랑스의 외교관이자 정치 사상가 메스트르는 "기다릴 줄 아는 것이 성공의 가장 큰 비결"이라고 말했다.

수확하려면 먼저 씨를 뿌려야 하고, 희망을 품고서 참을성 있게 오랜 시간 기다려야 한다. 기다릴 만한 가치가 있는 최고의 열매는 천천히 익는 법이다. 동양에는 "시간과 인내가 뽕잎을 비단으로 바꾼다."라는 속담이 있다.

― 새뮤얼 스마일즈, 강현규 엮음, 김익성 옮김, 『새뮤얼 스마일즈의 인생 수업』, 메이트북스, 2024, 63쪽

언덕을 만났을 때 페달링을 멈추면 자전거는 쓰러진다. 숨이 차오르고, 허벅지가 터질 듯 힘겨워도 멈추지 말자. 이 언덕을 넘은 만큼 근육이 강해진다. 다음 언덕은 지금보다 쉽게 넘을 수 있다는 것을 기억하자. 또 아는가? 잠시 후 식은 선사하는 상쾌한 내리막이 나를 기다리고 있을지.

MEMO

Day

Day 034

알렉스 퍼거슨, 『알렉스 퍼거슨 나의 이야기』

가끔 패배는 최선의 결과를 가져오기도 한다. 불행에 대응할 수 있는 것도 자질이다. 가장 부진한 시기에도 힘을 낸다는 의미니까. 아주 좋은 일이 있다. 오늘은 단지 맨체스터 유나이티드 역사 중 하루에 지나지 않을 뿐이다. 다시 말해서 반격은 늘 우리 존재의 일부였다. 패배했다고 시름에 잠기고만 있다면 그런 일은 반드시 반복될 거라고 단언할 수 있다. 경기에서 상대에게 두 점 차로 뒤지고 있다가 마지막 키으로 동점을 이룬 뒤 6연승이나 7연승을 거두는 일은 우리에게 흔한 일이다. 이것은 결코 우연이 아니었다.

'패기 타임'은 퍼거슨 감독 시절 영국 프리미어리그의 맨체스터 유나이티드가 후반 추가시간에 골을 많이 터뜨려 나온 표현이다. 패기 타임을 가능하게 한 것은 반격에 대한 확신이었다. 게임에서 지고 있는 상태는 패배와 완전히 다르다. 최후의 반격을 준비하자. 경기 종료 휘슬이 울리기 전까지 승리는 그 누구의 것도 아니다.

— 알렉스 퍼거슨, 임지현 옮김, 『알렉스 퍼거슨 나의 이야기』, 문학사상사, 2014, 28쪽

MEMO

Day

Day 035

주희, 『중용』

도라고 하는 것은 잠시라도 떨어질 수 없다. 떨어질 수 있다면 도가 아니다. 그러므로 군자는 다른 사람뿐만 아니라 자신이 볼 수 없는 곳에서도 삼가고 다른 사람뿐만 아니라 자신이 들을 수 없는 곳에서도 조심한다.

(道也者, 不可須臾離也, 可離非道也. 是故君子 戒愼乎其所不睹, 恐懼乎其所不聞.)

은밀한 곳보다 눈에 잘 띄는 곳이 없고, 미미한 일보다 분명하게 드러나는 일은 없다. 그러므로 군자는 홀로 있을 때에 신중하게 행동한다.

(莫見乎隱, 莫顯乎微, 故君子愼其獨也.)

— 주희, 김미영 옮김, 『대학·중용』, 홍익출판사, 2015, 118~120쪽

지휘관이 전투 전날 진달 혼자서 먼 곳을 바라보며 담배를 피우는 모습, 불안한 표정, 초조한 행동은 부하들에게 불안감을 심어주고, 내일 전투가 쉽지 않을 것이라는 신호로 받아들여질 수 있다. 따라서 훌륭한 리더일수록 평정심을 유지하고, 표정과 행동을 세심하게 관리하여 조직의 사기와 신뢰를 지킨다. 훌륭한 리더가 신중한 것은 자신의 작은 행동 하나도 조직에 큰 영향을 끼친다는 사실을 알기 때문이다.

MEMO

Day

Day 손정의

036

"가령 말 뚝 마디 정도가 한번에 경쟁을 하려고 내달리는데 유독 한 마리만 하늘을 날겠다는 생각을 하고 있다고 생각해 보세요. 그래서 다른 말이 모두 쉬고 있을 때 혼자 달리는 겁니다. 진짜 미친 듯이 계속 달리는 것이죠. 그렇게 달리다 보면 도중에 낙오자가 돋아날 겁니다. (…) 즉 남들이 미쳤다고 할 정도로 푹 빠져 있어야 '일'을 이룰 수 있어요. 세상은 그렇게 호락호락하지 않으니까요. (…) 무슨 일이 닥치든 거센 비바람도 감내하고 이겨내며 '저 절벽을 넘고 싶다', '저 절벽을 넘어 다른 절벽으로 도약하고 싶다'라고 생각하며 열심히 달리고 달려서 결국 하늘을 나는 겁니다."

— 이노우에 아쓰오, 이지현 옮김, 『손정의 사업가 정신』, 비즈니스랩, 2023, 34~35쪽

▶

소프트뱅크의 창업자 손정의 회장은 원하는 바를 이루려면 "미쳐야 한다"고 강조한다. 남들이 생각도 못 하는 큰 목표를 품고 미친 듯이 달리면 어느새 그 목표에 다다르게 된다는 것이다. 남들이 미쳤다고 할 정도로 몰입한 적이 있는가? 몸이 기억할 정도로 스스로를 믿고 달린 적이 있는가? 비상은 어느 날 갑자기 이루어지는 게 아니다. 모든 사람이 쉬고 있을 때 홀로 내달린 시간의 결과다.

MEMO

Day · · ·

꾸준함은
순간의 집중력보다
우월하다.
- 무스코 -

Day 짐 론, 『철학이 있는 삶이 성공을 만든다』

037

겨울이 되면 기러기는 남쪽으로 날아간다. 그런데 만약 남쪽의 상황이 그리 좋지 않다면 어떻게 할까? 안타깝지만 어쩔 수 없는 일이다. 기러기는 남쪽으로만 날 수 있기 때문이다. 하지만 인간은 그런 기러기와는 다르다. 우리는 동서남북 어느 쪽으로도 갈 수 있다. 우리는 삶의 모든 과정을 지배할 수 있다.

자유의지를 가진 주체로서 나를 신뢰하자. 내 삶의 운동성을 결정하는 것은 오직 나 자신임을 기억하자. 가고자 하면 갈 수 있다. 가다 보면 이루게 된다. 삶을 지배하는 능력은 그 과정에서 단련된다.

— 짐 론, 유지연 옮김, 『철학이 있는 삶이 성공을 만든다』, 오아시스, 2024, 49쪽

MEMO

Day

Day 038

신현만, 『레벨 업 강한 커리어』

우리는 직장이라는 조직 안에서 일할 때 매일같이 상사와 부하, 동료들과 만납니다. 그들과 맺는 관계는 그 자체가 네트워크이고, 다른 네트워크를 구축하고 확장하는 출발점이 됩니다. 학교를 다니면 동창이 생기고 같은 지역에 오래 살면 이웃들과 관계가 형성되는 것과 마찬가지입니다.

이렇듯 네트워크는 어떤 목적을 위해 활동하는 과정에서 생겨나는 것이지 네트워크 자체를 목적으로 만드는 것이 아닙니다. 인맥 자체를 목적으로 만들어진 네트워크는 깨지기 쉽습니다. 조금만 신경을 쓰지 않으면 강도가 약해지고, 그런 상태에서 일정한 시간이 지나면 네트워크로서 의미가 없어집니다.

— 신현만, 『레벨 업 강한 커리어』, 셰이크리아, 2024, 315–316쪽

네트워크가 경쟁력이다. 맞는 말이다. 하지만 주객이 전도되어선 곤란하다. 회사에서는 설렁설렁 일하고 퇴근 후에 인맥을 쌓기 위해 각종 모임을 섭렵하는 것만큼 바보 같은 짓도 없다. 커리어를 위한 네트워크는 일을 하며 쌓아가야 한다. 함께 일하는 상대가 누구이건 내 일에 최선을 다할 때 나는 강력한 네트워크를 만들고 있는 셈이다.

MEMO

Day

Day 피터 브룩, 『빈 공간』

039

죽은 연출가는 낡은 공식, 낡은 기법, 낡은 봉담, 낡은 효과를 그대로 가져다 쓰며 매 장면을 뻔한 방식으로 시작해 뻔한 방식으로 끝낸다. 무대 디자이너나 작곡가처럼 연출가와 함께 일하는 모든 협력자도 매한가지다. 세 작품을 시작할 때마다 아무것도 쓰이지 않은 백지장과도 같은 진공 상태에서 의상이런 무엇을 위한 것인가, 음악은 왜, 무엇을 위한 것인가 등등 스스로에게 본질적인 물음을 던지지 않는다면, 그는 죽은 연극을 면하지 못할 것이다. 죽은 연출가란 연극에 종사하는 모든 구성원에게 배어 있는 조건반사적 타성에 일격을 가하지 못하는 연출가다.

— 피터 브룩, 이민아 옮김, 『빈 공간』, 걷는책, 2019, 70쪽

관성의 도움은 유혹적이다. 그러나 경험은 숙기 쉬운 데이터다. 익숙한 것으로부터 벗어나자. 알고 있다 여기는 영역을 깨끗이 지운 중심자의 시선으로 채우자. 우회하는 것이 아니다. 죽는 과정을 생생하게 살려내는 작업이다. 그 끝에 펄떡이는 결과가 있다.

MEMO

Day

Day 040

존 맥스웰, 『존 맥스웰 리더십 불변의 법칙』

겉으로 보기에는 아무런 보상이 없는 것처럼 느껴지더라도 꾸준히 학습하고 성장해야 한다. 많은 사람이 복리 효과이 결실이 가까이 왔을 때조차 그 사실을 모르고 넘어가기도 한다. 변화가 눈에 보이지 않기에 포기하는 것이다. 하지만 그러면 기회를 놓치고 만다. 일관성과 꾸준함은 복리 효과라는 보상을 가져온다. 무슬가이자 영화배우인 브루스 리는 이렇게 말했다. "꾸준함은 순간의 집중력보다 우월하다."

아기는 한 번이 조율로 완결되지 않는다. 매일, 매 순간 줄을 미세하게 조정된다. 출륭한 악기의 조율사는 매일의 노력이 탁월한 소리를 만든다는 사실을 안다. 정중이 심금을 울리는 연주는 그렇게 완성된다.

— 존 맥스웰, 박영준 옮김, 『존 맥스웰 리더십 불변의 법칙』, 비즈니스북스, 2023, 60쪽

MEMO

Day

Day 루키우스 안나이우스 세네카, 『세네카의 행복론』

041

나는 얕은 바닷물 사이에 외딴 바위처럼 서 있다. 오랜 세월 끝없이 파도가 몰아쳐도 끝까지 버티고 있는 바위처럼. 누구든 강한 파도처럼 내 몸을 공격해보아라. 끝까지 견뎌내어 마침내 이겨내고 말리라. 굳건하고 강한 것에 제 몸을 던지는 자는 스스로의 힘만 소진할 뿐이다. 그러니 사악한 무리들이여, 화살이 꽃힐 만큼 물렁하고 부드러운 목표물을 찾아보아라.

— 루키우스 안나이우스 세네카, 정영훈 엮음, 정윤희 옮김, 『세네카의 행복론』, 메이트북스, 2019, 157쪽

끝없이 몰아치는 파도처럼 위기가 찾아오는 것이 삶이다. 기억할 것은 이 파도가 나를 짓밟기 위해 오는 것이 아니라는 사실이다. 파도는 친다. 아침이 오고, 계절이 바뀌듯 그저 파도는 친다. 나는 선 채할 따름이다. 갈대가 될 것이냐, 바위가 될 것이냐. 강한 파도가 밀려올수록 더 굳건히 서자. 파도에 흔들리는 갈대가 아니라, 파도를 견뎌내는 바위처럼.

MEMO

Day

Day 042 나폴레온 힐, 『나폴레온 힐 성공의 법칙』

리더는 그가 리더이기 때문에 공격당하는 것이고 그와 같아지려는 다른 사람의 노력은 그의 리더십을 입증해주는 증거에 지나지 않는다. 지도자와 대등하거나 넘어서려는 시도에 실패한다면 그들은 오히려 가치를 깎아내리고 파괴하려 하지만, 이런 것들은 다만 그 지도자가 우위에 있다는 점을 증명해줄 뿐이다. (…) 진정한 리더는 질투 어린 자의 거짓소리에 손상받거나 쓰러지지 않는다. 왜냐하면 그러한 모든 시도는 결국 그의 능력을 돋보이게 할 뿐 아니라 진정한 능력은 항상 호의적인 추종자를 거느리게 되기 때문이다. 진정한 리더십을 파괴하려는 시도는 에너지 낭비이다. 왜냐하면 그것은 살아남을 것이므로!

— 나폴레온 힐, 김정수 엮고 옮김, 『나폴레온 힐 성공의 법칙』, 중앙경제평론사, 2023, 245~246쪽

▶

외로움과 비난은 리더의 숙명과도 같다. 내가 무슨 일을 하든 어차피 욕할 사람은 욕할 것이다. 그러니 진실적인 비판과 맹목적 비난을 구분할 줄 알아야 한다. 스스로 떳떳하다면 더 당당해져도 괜찮다. 쏟아지는 화살을 뚫고 고지를 향해 전진하자.

MEMO

Day . . .

Day 043

힐링 가게, 『생각만큼 어렵지 않다』

사람은 늙고 나이 들어서 새로운 도전에 대한 꿈을 중단하는 것이 아니라, 새로운 도전에 대한 꿈을 접을 때 늙는다. (…) 만약 꿈이 없다면 나는 나도 모르는 사이에 천천히, 그러나 확실히 시들어버릴 것이다.

— 힐링 가게, 강성희 옮김, 『생각만큼 어렵지 않다』, 라이온북스, 2011, 242쪽

불행에 짓눌릴 때 꺾이지 않는 태도, 도전이 닥쳐올 때 겁먹지 않는 태도, 슬픔이 밀려올 때 가라앉지 않는 태도. 결국 삶에 지지 않는 태도는 꿈을 잃지 않는 태도에서 탄생한다. 꿈이 있는 사람은 결코 시들지 않는다. 언제나 꿈꾸기를 꿈꾸자. 꿈꾸어 늘 생생하게 살아 있자.

MEMO

Day

'행동하는 사람'은
'믿음을 가진 사람들'이다.

- 나폴레온 힐

Day 044

붓다, 「가르침의 바퀴를 처음 돌림」

- 바른 판단(正見)
- 바른 결정(正思)
- 바른 말(正語)
- 바른 행위(正業)
- 바른 생계(正命)
- 바른 노력(正精進)
- 바른 알아차림(正念)
- 바른 몰입(正定)

누구나 선택의 갈림길에서 올바른 쪽을 택하는 것은 아니다. 그러나 누구든 어느 쪽이 올바른 길인지는 알 수 있다. 그것이 인간 존재의 덕성이다. 내 안의 올바름[正]이 보내는 소리에 귀를 기울이자. 그 어떤 결정의 순간과 행동의 순간에도 오직 그 소리가 가리키는 쪽으로 걸어가자. 붓다는 그것이 열반에 이르는 고귀한 길임을 우리에게 가르쳐주었다.

— 강성용, 『인생의 괴로움과 깨달음』, 불광출판사, 2024, 217쪽

MEMO

Day

Day 스티븐 킹, 『유혹하는 글쓰기』

045

저절로 되는 일은 없다. 폭넓은 독서를 하면서 끊임없이 자기 작품을 가다듬어야 (그리고 갱신해야) 한다. 책을 별로 안 읽는 (더러는 전혀 안 읽는) 사람들이 글을 쓰겠다면서 남들이 자기 글을 좋아할 거라고 생각하는 것은 정말 터무니없는 일이다. 그러나 나는 그런 사람들을 많이 보았다. 어떤 사람이 나에게 작가가 되고는 싶지만 '독서할 시간이 없다'고 말할 때마다 꼬박꼬박 5센트씩 모았다면 지금쯤 맛있는 스테이크를 즐길 수 있었을 것이다. 이 문제에 대하여 좀 더 솔직하게 말해도 될까? 책을 읽을 시간이 없는 사람은 글을 쓸 시간도 (그리고 연장도) 없는 사람이다. 결론은 그렇게 간단하다.

— 스티븐 킹, 김진준 옮김, 『유혹하는 글쓰기』, 김영사, 2002, 179쪽

그 사람이 진짜로 원하는 일을 알려면 시간을 어디에 쓰는지 보면 된다. 성공한 사람들이 자신의 일에 몰두하는 모습을 보자. 핑계가 끼어들 틈을 주지 않는다. 그저 꾸준히 할 뿐이다. 나는 말로만 원한다고 하는 사람들을 믿지 않는다. 원하는 일을 할 시간은 '나는 게 아니라 '내는' 것이다. '시간이 없다'는 핑계를 댈 때 바로 그 시간에 하고 싶은 일을 시작하자.

MEMO

Day

Day

발타사르 그라시안 이 모랄레스, 『사람을 얻는 지혜』

046

자기 광채를 새롭게 하라. 이것은 불사조가 누리는 특권이다. 탁월함도 명성도 사그라지기 마련이다. 탁월한 것들도 익숙해지면 감탄이 줄어든다. 그래서 평범하더라도 새로운 것이, 탁월한데 낡은 것보다 낫다. 따라서 용기와 재능, 행운 등 모든 면을 새롭게 해야 한다. 화려할 정도로 새롭게 해야 한다. 태양처럼 끝없이 떠오르게 하고, 빛을 발하는 무대들도 바꾸어야 한다. 즉, 이쪽에서는 결핍으로 인해 욕구가 일어나고, 저쪽에서는 새로움으로 박수를 받게 해야 한다.

"늘 해오던 대로만 하면 늘 얻던 것만 얻을 수 있다."는 말이 있다. 하지만 싫은 지금처럼 빠르게 변화하는 세상에서는 늘 해오던 대로 하면 그나마 얻던 것도 못 얻느다고 해야 맞을 것이다. 새로운 결과를 바란다면 새로운 시도를 해야 한다. 태양이 매일 떠오르듯, 나도 매일 떠올라야 한다. 더 높이, 더 다르게, 더 눈부시게.

— 발타사르 그라시안 이 모랄레스, 김유경 옮김, 『사람을 얻는 지혜』, 현대지성, 2022, 113쪽

MEMO

Day

Day 047

브라이언 P. 모런·마이클 레닝턴, 『위대한 12주』

운동선수가 위대해지는 순간은 세계기록을 경신하거나 메달을 딸 때가 아니다. 엄밀히 말하면 이런 순간은 세상이 선수의 위대함을 알아주는 순간에 불과하며, 올림픽이라는 행사도 위대함의 증거일 뿐이다. 이 선수는 몇 달 전, 아니 어쩌면 몇 년 전부터 이미 위대한 선수였다. 한 바퀴 더 달리고 헤엄치겠다고, 한 번 더 점프하겠다고 결심하고 실천했던 순간부터 말이다.

— 브라이언 P. 모런·마이클 레닝턴, 정성재 옮김, 『위대한 12주』, 클럽북스, 2024, 92쪽

경지에 오른 이를 부러워하는 사람은 세계를 반쪽만 아는 사람이다. 타오르는 불꽃을 위해서 장작을 마련하고, 불씨를 틔우고, 땀을 흘려가며 바람을 일으키는 시간이 있었다. 축적된 시간의 힘이 얼마나 강력한가? 죽어 있는 시간을 죽이자. 시시각각을 의식하고, 열과 성을 다하라. 도전을 준비하는 하루, 한 시간이 위대한 순간이다.

MEMO

Day

Day 앤드루 카네기, 『성공한 CEO에서 위대한 인간으로』

048

우리가 겪는 고난의 대부분은 상상의 소산으로, 웃어넘길 수 있는 것들이다. 강을 만나기도 전에 다리를 건너고 악마를 만나기도 전에 지레 겁을 먹는 것은 어리석기 짝이 없는 일이다. 제앙이 우리를 강타하기 전까지는 모든 것이 안전하며 또한 실제로 제앙이 늘 닥쳤다 해도 열에 아홉은 생각했던 것만큼 나빠지는 않다. 현명한 사람들은 대개 낙관론자이다.

─ 앤드루 카네기, 박성은 옮김, 『성공한 CEO에서 위대한 인간으로』, 21세기북스, 2017, 227쪽

결과는 항상 최상과 최악의 예상 중간에 위치하는 법. 그러니 우리가 상상했던 최악이 현실이 되는 경우는 거의 없다. 현실이는 늘 최악보다는 좋다. 최악을 감안해 행동하면 늘 결과가 예상을 뛰어넘을 것이고, 최상을 중심으로 설계하면 늘 기대 이하의 결과를 맛보게 될 것이다.

MEMO

Day

Day 049

피터 드러커, 『피터 드러커의 자기경영노트』

만약 과거의 경험이 이와는 다르다 해도, 그는 그런 불가능한 직무를 맡길 천재를 찾으려 해서는 안 된다. 직무를 재설계해야 한다. 그는 조직의 성공 여부는 그 조직에 천재가 있는가 없는가에 달려 있는 것이 아니라는 사실을 알고 있다. 조직의 목적은 평범한 사람으로 하여금 비범한 일을 하도록 만드는 데 있다. (…) 각자의 직무는, 그것이 무엇이든 간에 개인이 지닌 장점을 발휘하게끔 자극해야만 한다.

아무리 우수한 품질의 벽돌이라도 한 장으로는 아무것도 만들 수 없다. 수천 개, 수만 개의 벽돌이 정확히 제자리에 쌓여야 피라미드가 되고, 대성당이 된다. 그 구조를 설계하고 배치하는 '벽돌공'이 바로 조직의 힘이자 리더의 역할이다. 평범한 사람이 가진 저마다의 강점을 연결하고 화학작용을 일으켜야 한다.

— 피터 드러커, 정영철 옮김, 『피터 드러커의 자기경영노트』, 한국경제신문, 2024, 102쪽

MEMO

Day

Day 050

나폴레온 힐, 『나폴레온 힐 성공의 법칙』

명확한 중점 목표는 여러분의 '취미'가 되어야 할 것이다. 여러분은 그 취미를 가지고 함께 자고, 함께 먹고 함께 놀아야 한다. 더 나아가 함께 일하고, 함께 살고, 함께 사고하는 것, 이른바 생활의 일부분이 되어야 하는 것이다.

여러분이 원하는 것이 무엇이든 온 마음으로 원한다고 망설임 없이 주구하고 목표가 합리적이라면, 그리고 '정말로 얻을 수 있다고 믿는다면!' 이뤄낼 수 있을 것이다.

단순히 무언가를 얻고 싶다고 '소망하는 것'과 연계 될 것이라고 '실제로 믿는 것' 사이에는 커다란 차이가 있다. (…) 어떤 일에서든 '행동하는 사람'은 '믿음을 가진 사람들'이다.

변명도 자만도 없이 내 꿈이 실현을 확신하기. 그 지극하고도 확고한 신념이 나를 진정 원하던 그곳으로 이동시킨다. 꿈이 이루어진다고 굳게 믿는 마음은, 먹고 자고 휴식할 때조차 나를 응원하고 있기 때문이다. 그 응원에 힘입어 가뿐하게 행동하게 되기 때문이다. 나는 꿈을 이룰 것이다. 나는 원하는 것을 얻을 것이다. 매일 확신하자.

— 나폴레온 힐, 김정수 엮고 옮김, 『나폴레온 힐 성공의 법칙』, 중앙경제평론사, 2023, 142쪽

MEMO

Day

생각이란 아이디어들이
서로 충돌을 던지며 충돌
조응하게 만드는 일이다.
- 시어도어 젤딘 -

Day 그레첸 루빈, 『루틴의 힘』

051

일주일 동안의 결과물이 겨우 한 페이지, 블로그 포스팅 한 건, 스케치 하나라면 당연히 '특출하게 잘해야 한다'는 생각이 들고 작업물의 질에 대해 조바심을 내게 된다. (…) 반면 나는 매일 쓰기 때문에 나에게 하루치 정도는 그다지 중요하지 않다. 잘되는 날도 있고 안 되는 날도 있다. 어떤 날은 일을 별로 하지 못한 채 끙끙거리도 한다. 그래도 괜찮다. 왜냐하면 분명 꾸준히 하고 있으니까. 불안감이 사라진 덕분에 결과적으로 나는 일을 더욱 즐기게 되고, 새로운 실험을 해보거나 위험을 기꺼이 감수할 수 있다. 괜찮은 결과물이 나오지 않아도 시간은 충분하니까 다른 방법을 시도하면 되는 것이다.

바로 셀로나의 피카소 미술관에는 어렸을 적 그의 연습장이 전시돼 있는데, 연필로 그린 사람들은 우스꽝스럽기 그지없다. 미술의 거장인 그도 처음에는 사람조차 제대로 그리지 못해 쩔쩔맸던 것 같다. 위대한 작품을 보며 그것이 완성되기까지 매일의 실패와 시도가 있었다는 사실을 떠올리기는 쉽지 않다. 그러나 어떤 명화의 스케치가, 어떤 문학의 초고가 수정되지 않았을까. 하루의 힘을 믿자. 하루에 하루를 쌓아 원하는 곳에 도달하자.

— 그레첸 루빈 외, 조슬린 K. 글라이 엮음, 정지호 옮김, 『루틴의 힘』, 부키, 2020, 24~25쪽

MEMO

Day

Day 052 레이먼드 챈들러, 『나는 어떻게 글을 쓰게 되었나』

중요한 건, 전업 작가라면 적어도 하루에 네 시간 이상 일정한 시간을 두고, 그 시간에는 글쓰기 외에는 아무 일도 하지 말아야 한다는 겁니다. 꼭 글을 써야 할 필요는 없어요. 내키지 않으면 굳이 애쓰지도 말아야 합니다. 그저 창밖을 멍하니 바라보거나 물구나무를 서거나 바닥에서 뒹굴어도 좋아요. 다만 바람직하다 싶은 다른 어떤 일도 하면 안 됩니다. 글을 읽거나, 편지를 쓰거나, 잡지를 훑어보거나, 수표를 쓰는 것도 안 돼요. 글을 쓰거나 아니면 아무 일도 하지 말 것. (...) 학생들에게 안전히 하으리라고 하면 심심해서라도 무언가를 배우려 하죠. 이게 효과가 있답니다.

— 레이먼드 챈들러, 안현주 옮김, 『나는 어떻게 글을 쓰게 되었나』, 북스피어, 2014, 56~57쪽

▼

원하는 일을 하기 위해 시간을 '내기'가 힘든가? 그렇다면 챈들러의 조언에 따라 하루에 10분이든 1시간이든 정해놓고 그 시간에는 무슨 일이 있어도 그 일만 해보자. 적절한 통제와 제약이 주어질 때, 오히려 시간은 더 값지게 사용하고 능률을 올릴 수 있다. 이는 곧 습관이 되고, 우리 몸은 미처 의식하기도 전에 움직이게 될 것이다. 시간에 틈을 부여하자.

MEMO

Day

Day 053

시어도어 젤딘, 『대화에 대하여』

저는 생각이란 아이디어를 모으는 과정이자, 아이디어들이 서로 주파를 던지며 춤추고 포옹하게 만드는 일이라고 봅니다. 일종의 감각적 폐달이지요. 아이디어가 머릿속에서 끊임없이 유영하며, 마치 정자가 난자를 찾아 헤매듯 새로운 아이디어의 탄생을 위해 작을 맺을 아이디어를 탐색합니다. 머릿속에는 외로운 아이디어가 가득 차서 이해해달라고, 흥미로운 존재로 알아봐달라고 애원합니다. 케이스로 보는 편하게 지내고 싶은 관료처럼 닮은 서류함에 아이디어를 차곡차곡 쌓아둘 뿐이지만, 활기찬 뇌는 아이디어를 까다롭게 선별해서 새로운 예술을 창조합니다.

— 시어도어 젤딘, 문희경 옮김, 『대화에 대하여』, 어크로스, 2019, 152쪽

얼음과 수증기의 분자운동을 상상해보자. 느리게 진동하는 얼음의 분자와 활발하고 자유롭게 움직이는 수증기의 분자운동은 창의적인 사고에 대한 자연의 은유다. 펄펄 끓는 수증기 같은 뇌는 활발하게 움직이는 아이디어 분자들이 자유롭게 만나고 부딪치게 한다. 그럼으로써 전에 없던 아이디어를 만들도록 한다. 뇌의 온도를 높이자. 아이디어 분자의 운동성을 최대치로 끌어올리자.

OVERVIEW

Day

Day 054

젠슨 황

"저한테는 어떤 일도 천하지 않습니다. 저는 접시를 닦고 변기를 닦던 사람이기 때문이죠. 정말 많은 변기를 닦았습니다. 여러분 모두를 합친 수보다 더 많은 변기를 닦았을 겁니다. 그러면서 못 볼 꼴도 많이 봤습니다. 그런 제가 여러분에게 무슨 말을 해줄 수 있을까요. 그게 인생이라는 말입니다."

— 2024년 3월 6일 스탠퍼드 대학교 경영대학원 포럼

엔비디아의 CEO 젠슨 황은 인종 차별에 시달리던 고등학생 시절 도리어 자진해 기숙사 화장실 청소를 도맡아 했다. '고난 없이는 성공도 없다.'는 그의 모토는 이 시기에 만들어졌다. 그는 그 일이 자신에게 인내와 끈기를 가져다주었다고 말한다. 지금 하고 있는 일이 너무 고되고 무의미하게 느껴지는가? 내 정신은 그만큼 단단해지고 있을 것이다.

MEMO

Day

Day 055

루트비히 비트겐슈타인, 『철학적 문법 2』

거기에 문제가 있다면 기필코 해결할 수 있다. 왜냐하면 우리가 이미 그것을 문제로 생각하고 있기 때문이다. 어떤 문제라도 결국은 작은 물음들의 집합이다.

— 루트비히 비트겐슈타인, 시리토로리 하루히코 엮음, 박제현 옮김, 『비트겐슈타인의 말』, 인벤션, 2015, 14쪽

문제 안에 답이 있다고들 한다. 그러나 문제 안에 질문이 있다고 해야 옳다. 이 사실을 아는 사람은 문제가 끌어안고 있는 여러 갈래의 질문을 어렵지 않게 파악해 낸다. 작은 질문을 엉긴 실타래의 실마리를 잡아채듯 해소해 나간다. 그런 사람에게 해결책 찾기가 어찌 까다로울까.

MEMO

Day

Day 056

델 Dell

세상에 멋진 일이란 없다.
그 일을 멋지게 해내는 사람이 있을 뿐.

— 2012년 울트라북 광고 카피

아무리 훌륭한 업무 시스템을 구축해도 그 성공 여부는 결국 실행하는 사람에 달려 있다. 그러니 작든 크든 자신이 이끄는 조직의 구성원을 같아 키우는 부품음으로 여기지 말 것. 리더의 성패도 결국 그들에게 달려 있으니.

MEMO

Day

Day 057

봉준호

한 가지는 말할 수 있다. 어떤 순간에도 지금 당신이 걷는 그 길을 의심하지 말고 걸으라고. 잘못된 선택을 한 것일지도 모른다는 두려움과 한 발짝도 내딛기 힘든 좌절감이 수시로 엄습하겠지만, 이미 발을 내딛은 이상 그저 묵묵히 매 사이에 최선을 다하는 수밖에 없다. 오직 그것만이 답이다.

— 한국영화감독조합, 주성철 엮음, 『데뷔의 순간』, 푸른숲, 2014, 205쪽

모든 성공한 사람은 선택한 사람이다. 의심하지 않기로, 좌절감에 지지 않기로, 내가 선택한 굿을 향해 계속 걷기로. 나의 가능성을 믿는가? 과연 진정으로 믿고 있는가? 부정적인 생각이 고개를 들 때 스스로에게 말하자. 나는 생각보다 더 강하다. 계속 할 힘이 나에게는 있다.

MEMO

Day

슬픔은 분노도 자용한다.
-제임스 돌리어

Day 058 제임스 클리어, 『아주 작은 습관의 힘』

습관은 복리로 작용한다. 돈이 복리로 불어나듯이 습관도 반복되면서 그 결과가 곱절로 불어난다. (…) 자신의 인생이 어디로 갈지 궁금한가? 자잘한 발전과 퇴보를 그래프로 그려보고 매일이 선택이 10년, 20년 후를 어떻게 그려나가는지 확인해보라. 당신은 매달 버는 것보다 덜 쓰는가? 매주 체육관에 매일 가는가? 매일 책을 읽거나 새로운 것을 배우고 있는가? 이런 작은 분투가 우리의 미래를 규정한다.

— 제임스 클리어, 이한이 옮김, 『아주 작은 습관의 힘』, 비즈니스북스, 2019, 34쪽

▼

'작은 개선×시간=놀라운 결과'라는 식을 기억하자. 하루 1%만 개선해도 1년 뒤에는 처음보다 37배 많은 개선의 결과가 나온다. 매일 5분 필사하는 습관, 고객 응대율을 1% 높이는 습관, 노력처럼 잘 안 눈덩이를 굴리다 보면 어느새 거대한 눈사람을 완성하게 될 것이다.

MEMO

Day

Day 059

M. 스캇 펙, 『아직도 가야 할 길』

그녀는 하루를 시작하면서 처음 한 시간 동안은 좀 더 즐거운 일에 시간을 보냈고 그다음 여섯 시간은 하기 싫은 나머지 일로 채운다는 사실을 알아냈다. 그래서 나는 처음 한 시간 동안 즐겁지 않은 일을 억지로라도 해치우고 나서 나머지 여섯 시간을 자유롭게 즐기는 것이 어떻겠느냐고 조언했다. (...) 즐거움을 나중으로 미루는 것은 삶이 주는 고통과 즐거움을 맛보는 순서를 정한다는 것이며 이렇게 먼저 고통을 맞고 겪고 극복함으로써 즐거움을 배가되다. 이것이 품위 있게 살아가는 유일한 방법이다.

— M. 스캇 펙, 최미양 옮김, 『아직도 가야 할 길』, 율리시즈, 2023, 25쪽

좋아하는 일을 먼저 하려고 하려는 태도에는 일종의 비겁함이 숨겨져 있다. 그것은 괴로움을 회피하려는 태도, 즉각적인 만족에 굴복하는 태도, 자신의 가능성을 낮게 평가하는 태도와 다르지 않다. 지금껏 좋아하는 일을 우선해왔다면 과감히 바꿔보기를 권한다. 싫어하는 일을 해치웠을 때 희열을 느껴본 적이 있는가? 기뻐하라. 좋아하는 일이 나를 기다리고 있다.

MEMO

Day

Day 폴 크루그먼, 『불황의 경제학』

060

소위 전문가가 심각한 주제는 반드시 심각하게 접근해야만 한다고 믿고 있다. 어떤 이야기일수록 거기에 걸맞은 어려운 언어로 표현해야 하며, 가벼운 말이나 쉬운 설명은 적절치 않다고 생각한다. 그러나 새롭고 생소한 현상을 파악하기 위해서는 아이디어들을 '가지고 놀(play)' 준비가 되어 있어야 한다. 내가 '가지고 논다'는 표현을 쓴 것에는 나름대로 이유가 있다. 경제학이 다른 분야는 별난 기질이 없는 엄숙한 사람이 신선한 통찰력을 발휘하는 경우는 드물기 때문이다.

진지함이 미덕은 사안에 대한 충실함에 있다. 활발함이 미덕은 사안에 대한 환기에 있다. 사안에 따라 진지함과 활발함을 저글링할 수 있어야 한다. 아이디어가 정체되어 있다면 그것을 마음껏 가지고 놀자. 눈에 보는 아이디어를 발견했다면 그것을 성실하게 파고들자. 기대하던 결과가 다가오는 중이다.

— 폴 크루그먼, 안진환 옮김, 『불황의 경제학』, 세종서적, 2015, 14쪽

MEMO

Day

Day 캐서린 폰더, 『금가루 수업』

061

끄기에 중간이나 미지근함, 소극적인 자세 같은 것은 없다. 끄기는 과감하고 대담하며, 망설이지 않고 두려움 없이 원하는 것을 주구하며 결과를 얻을 때까지 밀고 나가는 것이다. 괴로워서 아무것도 할 수 없는 상태나 좌절에 직면했을 때 사용하기 좋은 문장은 다음과 같다. "나는 낙담하지 않는다. 나는 끄기 있게 앞으로 나아간다." 그리고 다음을 자주 상기하라. "나는 지금 나아가는 게 아니라 올라가는 중이다!"

즉, 끄기는 성공을 가로막는 실패에 대한 고질적인 태도를 부수는 데 사용하는 정신적 쟁기이다.

모퉁이를 돌면 고지가 있는데 그곳이 보이지 않는다고 주저앉을 순 없지 않은가. 지칠 때는 잠시 뒤를 돌아보자. 내가 끄기 있게 쌓아온 것들을 확인하자. 그것이 축적돼 오르막길을 형성한 것이 보이는가?

— 캐서린 폰더, 이윤정 옮김, 『금가루 수업』, 노들, 2024, 307쪽

MEMO

Day

Day 062

데일 카네기, 『데일 카네기 자기관리론』

심리적으로 볼 때 죄악을 받아들이면 새로운 에너지가 솟구친다. 죄악을 받아들이면 더 이상 잃을 것이 없다. 그러면 얻을 수 있는 것만 남는다. 윌리스 캐리어의 말을 더 들어보자. "죄악의 상황을 직면하니 당장 마음이 편해지고, 며칠 동안 느끼지 못했던 평온이 찾아왔습니다. 그때부터 저는 '생각'이란 걸 할 수 있게 되었습니다." 납득할 만하지 않은가? 그럼에도 많은 사람이 분노의 소용돌이 속에서 스스로 삶을 망가뜨린다. 이들은 최악의 상황을 받아들이려 하지 않고, 최악을 상정한 다음 이를 개선하려 들지 않으며, 난파선의 잔해에서 인양할 수 있는 것들을 건져보려는 시도조차 하지 않는다.

'마음의 평안'은 좋은 일이 생길 때가 아니라, 최악을 받아들일 때 비로소 시작된다. 진짜 문제는 상황 자체가 아니라, 그 상황을 부정하며 소모하는 에너지다. 죄조한 배 안에서 계속 선장을 찾기보다, 진해 속에서 쓸 수 있는 나침반 하나라도 건져야 앞으로 나아갈 수 있다. 받아들이는 순간, 비로소 생각이 작동하고 삶이 움직이기 시작한다. 진짜 회복은 '무너졌다는 사실'을 인정하는 것에서 출발한다.

— 데일 카네기, 임상훈 옮김, 『데일 카네기 자기관리론』, 현대지성, 2021, 41쪽

MEMO

Day

Day

잭 웰치

나의 주 업무는 인재 육성이었다. 나는 우리 회사의 상위 750명에게 물과 다른 영양분을 공급하는 정원사였다. 물론 몇몇 잡초를 뽑는 일도 해야 했다.

리더의 가장 중요한 역할은 적재적소에 알맞은 사람을 뽑아 쓰는 일이다. 일단 뽑았으면 그들이 자신의 역량을 최대한 꽃피울 수 있도록 가능한 모든 지원을 아끼지 않아야 한다. 그러나 다른 꽃들이 자라지 못하게 화단을 망치는 존재가 있다면 책임지고 해결하는 것 역시 리더의 몫이다.

MEMO

Day

Day 064

앨리슨 레빈,
『내가 정상에서 본 것을 당신도 볼 수 있다면』

개인도 신조가 있어야 한다. 우리는 직업 세계와 개인적 삶 속에서 스스로 어떻게 행동하기를 바라는지 자기 자신을 깨우쳐주는 단어를 품고 다닐 필요가 있다. 우리는 이 단어를 렌즈 삼아 세상을 들여다보고 세상일에 관여한다. 반드시 어려움에 봉착했을 때만이 아니라 일 년 365일 내내 하루 24시간 내내 말이다. 웨스트포인트*의 신조는 세 단어로 이루어져 있는데 (…) 바로 의무(본분), 명예, 국가다.

— 앨리슨 레빈, 정정인 옮김, 『내가 정상에서 본 것을 당신도 볼 수 있다면』, 처음북스, 2014, 266~267쪽

* 미국 육군사관학교 — 편집자주

나만의 신조 또는 만트라를 간단한 단어 혹은 짧은 문장으로 만들어 새기자. 위기가 닥치거나 복잡한 일들이 얽혀 한 치 앞도 보이지 않을 때 이 신조가 등대가 되어줄 것이다. 신조를 만들려면 우선 자기 자신부터 깊이 들여다보아야 한다. 나는 지금 무엇을 위해 이렇게 애쓰고 있는가? 내가 가장 중요하게 생각하는 가치는 무엇인가? 신조를 새겼다면 이제 먼바다로 항해를 시작하자.

앞으로 나아갈 용기를 북돋아주는 문장들 162

Step 7

MEMO

Day

이길 수 있다면 이겨야 한다.
- 조훈현 -

Day 065

피터 홀린스, 『자기결단력』

자기결단의 핵심은 포기하고 싶은 마음이 생기고, 상황이 힘들게 느껴져도 해야 할 일을 하는 것이다. 따라서 변명을 늘어놓거나 애매모호하게 구는 습관을 버리고, 우선 해야 할 일을 계속하는 것이 중요하다. 자기 막혔고, 훈련이 늦게 시작해서 연습에 지장이 있었던 것도 사실임을 안다. 하지만 그 사실이 핵심은 아니다. 참작할 만한 사유, 도로 상황, 다른 사람의 의견이 필요한 쟁점이나 문제점들은 일이 다 끝난 뒤 사후 분석 단계에서 논하면 된다. 먼저 행동으로 옮기고 중언부언을 멈춰라.

— 피터 홀린스, 한원희 옮김, 『자기결단력』, 좋은생각, 2022, 128쪽

결정할 걸, 끝을 단. 결단決斷의 핵심은 '끊기'에 있다는 점을 기억하자. 성취를 위해서는 미루려는 마음을 끊고, 회피하려는 마음을 끊고, 포기하려는 마음을 끊어야 한다. 모든 핑계를 끊어내고 부박부박 걸어나가는 자기결단력을 가진 사람에게는 남들에게 없는 강력한 부스터 엔진이 하나 더 장착되어 있는 셈이다. 그 가치가 목적지에 더 빨리 도달할 것으로 너무도 분명하다.

MEMO

Day

Day 캐스 선스타인

066

"음악을 듣거나 마사지를 받는 등 한창 좋은 경험을 누릴 때 그걸 끊는다는 생각은 끔찍하게 들립니다. 우리는 그저 그 즐거운 기분을 이어서 누리고 싶잖아요. 하지만 연구에 따르면 나눠 하는 편이 더 큰 기쁨을 준다고 합니다.

싫어하는 일은 반대입니다. 싫어하는 일을 세 번에 나눠 조금씩 한다는 생각이 매력적으로 들리죠. 하지만 시간이 오래 걸리더라도 한 번에 이어서 하면 어느새 익숙해져서 그렇게까지 끔찍하지 않다는 겁니다. 싫어하는 일을 세 번에 나눠 하는 건 양망진창인 방을 치우는 끔찍함을 매번 다시 겪는 거예요. 그러니 좋아하는 일은 나누고, 싫어하는 일은 일사천리로 해치우세요."

— 2024년 4월 15일 맥킨지 & 컴퍼니와 한 인터뷰

「넛지」를 쓴 법학자이자 행동경제학자인 캐스 선스타인은 연구를 통해 우리가 음악 감상처럼 좋은 경험을 여러 번에 나누어 하면 한 번에 할 때보다 더 좋게 느낀다는 사실을 발견했다. 반대로 좋지 않은 경험을 여러 번 나누어서 할 때 더 안 좋게 느낀다는 것이다. 부정적인 일은 최대한 단번에 빠르게 끝내자. 여러 번 경험할 필요가 없다.

MEMO

Day

Day 067 아룬다티 로이, 『9월이여, 오라』

나는 대답하기 어려운 질문, 풀리지 않는 이야기, 오르지 못한 산, 미완의 꿈을 사랑합니다.

— 아룬다티 로이, 박혜영 옮김, 『9월이여, 오라』, 녹색평론사, 2011, 33쪽

우주 만물 가운데 인간이라는 종만이 가진 독특함은 다듬 아닌 창의성, 새로움에 대한 호기심이다. 도전하고, 그 문제를 해결하고, 다시 새로운 과제를 발굴해 도전에 성공하면 인간은 전율을 느낀다. 조금 더 어려운 과제에 도전하자. 아무도 오르지 못한 산을 등반하자. 거기서 비밀한 창조의 열매를 발견하게 될 것이다.

MEMO

Day . .

Day 068

조훈현, 『고수의 생각법』

승부의 세계가 원래 그렇다. 아니, 승부를 떠나 우리가 사는 세상이 원래 그렇다. 과정도 중요하지만 결과도 그에 못지않게 중요하다. 이길 수 있다면 이겨야 한다. 그러기 위해서는 끝까지 포기하지 않고 반전의 기회를 기다려야 한다. 내가 버텼던 이유는 이겨야 한다는 욕심 때문이 아니라 아직 이길 기회가 있다는 희망 때문이었다.

— 조훈현, 『고수의 생각법』, 인플루엔셜, 2023, 98쪽

이길 수 있다면 이겨야 한다. 이기는 것은 양보할 수 없다. 이기는 것과 지는 것은 천지 차이이기 때문이다. 패자의 핑계는 변명으로 들릴 뿐이다. 이기려면 우선 포기하지 않아야 한다. 포기하지 않으면 아직 진 것이 아니다.

MEMO

Day

Day 069

맹자, 『맹자』, 「고자 하」 편

하늘이 장차 어떤 사람에게 큰 임무를 내리려 할 때는 반드시 그 마음과 뜻을 괴롭게 하고, 근육과 뼈를 수고롭게 하며, 몸을 굶주리게 하여 근궁에 빠뜨려 그가 하고자 하는 일을 어지럽게 한다. 이것은 마음을 분발시키고 성질을 이겨내어, 능히 해낼 수 있도록 도와주려 함이다.

(故天將降大任於是人也, 必先苦其心志, 勞其筋骨, 餓其體膚, 空乏其身, 行拂亂其所爲; 所以動心忍性, 曾益其所不能.)

장애물을 만났을 때 더욱 용기를 내야 한다. 더 뜨겁게 승부욕을 불태워야 한다. 벽에 부딪히고 곤궁에 빠질 때마다 내 안의 투지를 일으키며 생각하자. 이 단계를 넘으면 내가 가진 능력의 계수가 바뀔 것이라고.

MEMO

Day

Day 070

피터 드러커, 『피터 드러커 자기경영노트』

우선순위나 후순위의 결정은 항상 현실에 비춰 재검토해야 하고, 또 수정되어야 한다. 예를 들면 역대 미국 대통령 가운데 취임 시의 우선순위 과제를 제임 기간 중 그대로 고수한 사람은 한 명도 없었다. 사실 우선순위가 높은 일을 실행하는 동안 다음에 추진할 우선순위와 후순위는 항상 바뀌게 마련이다. (…) 집중은 경영 리더가 시간과 사건의 희생양이 아니라 그것들의 주인이 될 수 있는 유일한 방법이다. 즉 시간과 사건에 따라 무엇이 중요하고, 무엇이 우선시되어야 하는지 스스로 의사 결정하는 용기를 말하는 것이다.

일을 둘러싼 상황은 매우 유기적이다. 고정된 기준이나 단순한 규칙으로 해결되지 않는 것이 너무나 많다. 오늘의 우선순위와 내일의 우선순위가 다를 수밖에 없음을 이해하자. 집중할 것은 현재의 위치를 파악하는 것. 매번 영점을 조정하는 명사수가 더 많이 명중한다.

— 피터 드러커, 정영철 옮김, 『피터 드러커 자기경영노트』, 한국경제신문, 2024, 226쪽

MEMO

Day

Day 071

칼 포퍼, 『삶은 문제해결의 연속이다』

"열린 미래는 예측이 불가능하며 도덕적으로 다른 가능성을 안고 있습니다. 따라서 우리가 기본적으로 취할 태도는 '어떤 일이 일어날까?'가 아니라 '세상을 조금이라도 나은 곳으로 만들려면 무엇을 해야 할까?'이어야 합니다. (…) 인류는 당장 내일 지구에서 사라질지도 모릅니다. 그러나 커다란 희망도 존재합니다. 현재보다 훨씬 나은 미래를 만들 무한한 가능성이 존재하니까요. (…) 미래에 관해서라면, 예언을 찾으려 들지 말고 그저 도덕적으로 웃으며 책임을 질 수 있는 방향으로 행동하면 됩니다."

— 칼 포퍼, 허형은 옮김, 『삶은 문제해결의 연속이다』, 포레스트북스, 253~254쪽

하루가 다르게 변해가는 세상에서 미래를 예측하려는 시도는 종종 예언가의 허언이 되고 만다. 내가 지금 할 수 있는 일은 옳다고 믿는 방향으로 움직이는 것이다. 희망은 예언에 있는 것이 아니라 지금 여기서 내가 내딛는 발걸음에 있다. 스스로에게 질문해 보자. 조금 더 나은 내일을 위해 당장 무엇을 할 수 있을까?

MEMO

Day

준비된 학생이 되면
실제로 스승이 나타난다.
-웨인 다이어

Day 072

순자, 「순자」, 「천론」 편

군자는 자기에게 있는 것에 힘쓰고, 하늘에 달린 것은 흠모하지 않기에 날로 발전한다.
소인은 자기에게 있는 것은 버리고, 하늘에 달린 것을 흠모하기 때문에 날로 퇴보한다.
(君子敬其在己者, 而不慕其在天者, 是以日進也; 小人錯其在己者, 而慕其在天者, 是以日退也.)

— 최종엽, 『오십에 읽는 순자』, 유노북스, 2023, 28쪽

스스로 통제할 수 있는 영역에 집중하자. 새로운 트렌드를 검토하되 내 기반을 돌보는 일에 소홀하면 안 된다. 내게 주어진 영역에서 작은 승리를 쌓아가자. 큰 도전은 작은 성공의 축적에서 시작된다.

OVERVIEW

Day

Day 073 보도 섀퍼, 『보도 섀퍼의 돈』

나는 몇 년 전 뉴욕에서 아주 돈 많은 부자를 만난 적이 있다. 그 사람 책상 위에는 이런 격언이 걸려 있었다. 하루 종일 일하는 사람은 돈을 벌 시간이 없다. 모름지기 사람은 생각할 시간이 있어야 한다는 것이다. 도대체 무엇을 생각해야 하느냐는 나의 질문에 그 사람은 이렇게 대답했다.

"먼저 자신이 어떤 사람인지 생각하고, 자신이 좋아하는 일이 무엇인지 생각하시오. 그다음에는 그것으로 돈을 어떻게 벌 수 있을지 생각해 보시오. 가장 좋은 방법은 이 질문을 매일매일 자신에게 던지고, 하루하루 더 나은 대답을 찾아가는 것이오."

— 보도 섀퍼, 이병서 옮김, 『보도 섀퍼의 돈』, 에포케, 2011, 40쪽

중실한 사유가 없는 행동은 '척'에 불과하다. 일하는 척하지 말자. 바쁜 척하지 말자. 일을 위한 일을 하지 말자. 일의 의미에 대해 생각할 시간을 반드시 확보하자. 일하는 시간만큼이나 귀중한 시간이다. 돈은 우리가 자신의 욕망과 목적을 정확히 이해하고 행동할 때 따라온다.

MEMO

Day

Day

톰 피터스, 『톰 피터스 탁월한 기업의 조건』

074

"작은 것이 큰 것보다 중요하다."는 말은 내가 늘 외우는 주문이다. 수많은 작은 조치들과 기억에 남는 마무리가 획기적인 시도 하나보다 중요하다. '시리어스 플레이serious play'라고 표현하는 미지의 세계로 향한 끊임없는 작은 발걸음을 매일, 매시간 내디뎌라. 우리 모두, 그러니까 우리의 100%가 혁신가가 될 수 있고 돼야만 한다!

— 톰 피터스, 김미정 옮김, 『톰 피터스 탁월한 기업의 조건』, 한국경제신문, 2022, 26쪽

어느 날 하늘에서 뚝 떨어지는 혁신이란 없다. 혁신을 향한 끊임없는 도전만이 있을 뿐이다. 주위에 주의를 기울이고 사소한 것부터 바꿔나가자. '진지한 놀이'를 시작하자. 그것이 하나둘 쌓이면 어느새 큰 혁신을 이룰 것이다.

MEMO

Day

Day 075

존 러스킨, 『나중에 온 이 사람에게도』

사람이 자기가 하는 일에서 행복을 얻기 위해서는 그 일을 좋아하고, 그 일을 지나치게 해서는 안 되며, 그 일이 성공하리라는 생각을 품고 있어야 한다는 세 가지 조건이 충족되어야 한다.

— 존 러스킨, 곽계일 옮김, 『나중에 온 이 사람에게도』, 아인북스, 2014, 99쪽

나만의 성공의 정의를 찾을 때 참고할 만한 문장이다. 어떤 종류의 일인지, 얼마나 그 일에 투자하는지, 그 일에서 독보적인 성취를 기대할 수 있는지 따져 보자. 그렇게 내린 성공의 정의는 궁극의 행복에 도달하는 지도와 같을 것이다.

MEMO

Day

Day 076

웨인 다이어, 『우리는 모두 죽는다는 것을 기억하라』

바닥에 이른 것을 두려워할 이유가 전혀 없다. 오히려 감사하라. 놓을 준비를 해야 한다. 주먹이 예상치 못하는 순간에 찾아오듯, 비약적인 성장의 순간 또한 예상치 못한 순간에 찾아온다. 우리가 할 일은 예상치 못한 성장이라는 손님을 맞이할 준비다. 준비된 학생이 되면 실제로 스승이 나타난다.

삶에 닥치는 위기를 모두 막을 수는 없다. 주먹의 순간이 왔다면 날개를 더욱 활짝 펼치자. 코앞까지 바닥이 다가와도 하늘에서 시선을 메지 말자. 성장으로 가는 문은 그 순간 열린다.

— 웨인 다이어, 정지현 옮김, 『우리는 모두 죽는다는 것을 기억하라』, 토네이도, 2019, 93쪽

MEMO

Day

Day 작자 미상, 『명심보감』

077

의심스러운 사람은 쓰지 말고 사람을 썼거든 의심하지 말라.
(疑人勿用, 用人勿疑.)

한나라의 초대 황제 유방은 빈민 출신이다다 무능력자 취급을 받던 한신을 기용해 마침내 천하를 통일했다. 유방도 처음에는 한신을 의심했다. 그러나 그의 재능을 철저히 검토한 뒤 선택했다. 유방의 성공 비결은 한신을 기용한 뒤 의심하지 않고 신뢰한 데 있었다. 이는 삼성의 창업자 이병철 회장의 인재 경영 원칙이기도 했다.

MEMO

Day

Day 078

헬렌 켈러, 「낙관주의」

한때 나는 희망이 없는 심연을 알았고, 만물 위에 어둠이 깔려 있었습니다. 그때 사랑이 찾아와 내 영혼을 자유롭게 해주었습니다. (…) 내 삶에는 과거도 미래도 없었습니다. 비관론자는 죽음이 "영원히 바다와 할 왈성"이라고 말하곤 했습니다. 그러나 다른 사람의 손가락에서 나온 작은 말이 공허함을 움켜쥐고 있던 내 손에 떨어졌고, 내 심장은 삶의 황홀경으로 두방망이질했습니다. 생각의 낮 앞에서 밤은 달아났고, 사랑과 기쁨과 희망이 지식에 대한 순종의 열정 속에서 솟아올랐습니다. 그러한 속박에서 벗어나 자유의 전율과 영광을 느낀 사람이 과연 비관론자일 수 있을까요?

— Helen Keller, OPTIMISM: AN ESSAY, The Project Gutenberg (전자책)

헬렌 켈러는 보지도, 듣지도, 말하지도 못하는 장애를 가지고 태어났다. 읽고 쓸을 앞을 어느 날 설리번 선생님을 만나기 전까지 그의 세상은 희망 없는 심연이었다. 그러나 설리번 선생님이 헌신과 사랑 덕분에 그는 후대에 길이 남을 작가이자 사회사업가가 될 수 있었다. 지금 캄캄한 칠흑 속을 헤매고 있다는 느낌을 받더라도, 나만의 설리번 선생님이 나타날지 모른다. 하지만 그때에도 그 도움을 꽉 움켜쥐고 일어나기로 결심하는 것은 내 몫이다.

MEMO

Day

생용은 나무처럼 자라는 것이다.
-정주영

Day 079 정주영, 『이 땅에 태어나서』

허송세월이 인생의 목표가 아니거든 첫째 부지런하기를 권한다. 부지런해야 땅이 움직이고 땅이 생각하고 땅이 노력해서 큰 발전을 이룰 수 있다. 부지런함은 자기 인생에 대한 성실성이므로 나는 부지런하지 않은 사람은 일단 신용하지 않는다. 일상생활에서부터, 아주 작은 일에서부터 바른 생각으로 성실하게 자신의 인생을 운영해 나가다 보면 신용은 저절로 쌓이 터 자라기 시작해서 부척부척 크고 있을 것이고, 그러다 보면 어느 날엔가는 말하는 대로 이심 없이 민어주는 커다란 신용을 갖게 될 것이다. (…)

신용은 나무처럼 자라는 것이다.

또한 신용이란 명예로운 것이다.

— 정주영, 『이 땅에 태어나서』, 솔, 2011, 406~407쪽

부지런함은 내 정신의 냇물을 끊임없이 흐르게 하는 펌프다. 하루하루 성실하게 살아간다는 건, 신용이라는 나무에 한 방울씩 물을 주는 일이다. 눈에 띄지 않지만 나무는 자라난다. 그러다 보면 어느 날, 내 말 한마디가 통장 잔고보다 더 큰 가치를 갖게 된다. 신용이란 결국 조용히 키워낸 삶의 명예다.

Step 1

MEMO

Day

Day 080

조지 S. 클레이슨, 『바빌론 부자들의 돈 버는 지혜』

"돈부자 신경 쓰지 않은 땅에는 언제나 잡초가 자라난다네. 사람 마음도 마찬가지야. 욕망은 비집고 들어갈 틈이 있으면 우리 마음속에 뿌리를 내리고 자라나지. 세상에는 온갖 욕망이 넘치지만 우리에게 꼭 필요한 욕망은 몇 안 된다네. 자네들의 생활 습관을 자세히 살펴보게. 분명히 줄이거나 없앨 수 있는 지출이 있을 것이네. 좌우명을 이렇게 정하게. '반드시 그만한 가치가 있는 곳에 돈을 쓰겠다.'"

— 조지 S. 클레이슨, 홍은반역 옮김, 『바빌론 부자들의 돈 버는 지혜』, 책수레, 2021, 54쪽

고대 바빌론 최고의 부자 아카드가 제자들에게 돈 버는 법을 강의한다. 한 제자가 불평한다. "저는 자유 시민입니다. 인생을 즐기고 누리는 것은 제 권리라고 생각해요. 그런데 예산의 노예로 살라니요?" 하지만 아카드는 예산을 짜는 것은 자기 자신이므로, 우리는 예산의 노예가 아니라 욕망의 노예라고 말한다. 욕망은 수시로 내 지갑을 놓아든다. 자신의 진짜 욕망과 세상이 미끼로 흔드는 것 욕망을 구분하자.

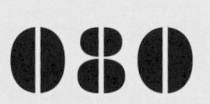

MEMO

Day

Day

팀 쿡, 『팀 쿡』

081

"잡스가 나를 선택할 때 내가 자신과 같지 않다는 것을, 내가 자신의 복사본이 아니라는 것을 모르고 그렇게 했을까요? (…) 나는 내가 될 수 있는 유일한 사람은 바로 나 자신일 뿐이라는 사실을 알고 있었지요. 그래서 내가 될 수 있는 최상의 팀 쿡이 되기 위해 노력해왔습니다."

— 팀 쿡 외, 안진환 옮김, 『팀 쿡』, 다산북스, 2019, 41쪽

스티브 잡스를 만난 팀 쿡은 그의 제안대로 애플에 합류하는 것이 인생에 다시없을 기회라는 것을 직감한다. 껍데기에 머무르는 것이 모든 면에서 옳은 것 같았지만 결국 애플행을 결정한다. 그리고 스티브 잡스가 떠난 애플을 이끌 때 '시가총액 1조 달러 돌파'라는 기념비적 결과를 만든다. 이 결과는 팀 쿡이 '잡스처럼' 했기 때문이 아니라 '팀 쿡처럼' 했기에 만들어진 것이다.

MEMO

Day

Day 082

밤 프로북터, 『밤 프로북터 부의 시크릿』

성공은 당신이 선택하는 방향이다. 당신이 돈이 얼마나 있든, 몇 살이든, 어디에 있든, 누구든, 과거에 무슨 일을 했든, 현재 무슨 일을 하든 상관없다. 성공은 당신이 가기로 선택하는 삶의 방향이다. 그렇다. 성공은 당신의 선택이다.

— 밤 프로북터, 『밤 프로북터 부의 시크릿』, 부키, 2023, 20쪽

솔깃하지 않은가? 내가 바라는 삶의 방향대로 나아가는 것이 곧 성공에 이르는 길이라는 것이. 사회의 시선과 주변의 기대가 아니라 내 마음에 물어보자. 어느 방향으로 가고 싶은지 정했는가? 그럼 이제 성공할 일만 남았다.

MEMO

Day

Day 083 피터 드러커, 『피터 드러커의 최고의 질문』

무언가를 포기하는 것은 항상 심한 저항에 직면하기 마련입니다. (…) 그러나 폐기하는 용기가 필요하다. 폐기되지 않으면 아무것도 이루어지지 못한다. (…) 죽은 자가 땅에 묻혀야 부활이 시작될 수 있는 법이다.

— 피터 드러커 외, 유정식 옮김, 『피터 드러커의 최고의 질문』, 다산북스, 2017, 154쪽

익숙한 것에 머무를 때 사람도 조직도 늙기 시작한다. 드러나지 않은 문제를 발견하는 것, 집중할 것을 찾아내는 일이 그래서 중요하다. 피터 드러커는 혁신의 출발을 폐기에서 보았다. 폐기는 포기와 다르다. 폐기에는 비상의 방향성이 담겨 있다. 내일을 위해서 나는 오늘 무엇을 폐기할 것인가?

MEMO

Day

Day 손자, 『손자병법』

084

따라서 승리를 [미리] 아는 데는 다섯 가지가 있다.

[첫째], 싸워야 할 때를 아는 것과 싸워서는 안 될 때를 아는 자는 승리한다.

[둘째], 병력이 많고 적음에 따라 용병법을 아는 자는 승리한다.

[셋째], 위 [장수]와 아래 [병사]가 한마음이 되면 승리한다.

[넷째], 준비하고 있으면서 준비하지 못한 적을 기다리는 자는 승리한다.

[다섯째], 장수가 유능하고 군주가 조종하려고 들지 않으면 승리한다.

— 손자, 김원중 옮김, 『손자병법』, 「모공」 편, 휴머니스트, 2020, 119쪽

전쟁의 기술은 본질적으로 효과적인 목표 달성이라는 면에서 영기법과 닮았다. 타이밍을 판단하기, 상황에 맞는 대처 능력을 갖추기, 목표와 욕구를 통합하기, 철저하게 준비하기, 자율성의 힘을 믿기. 매일 떠올려도 좋을 말이다. 그중 현대 리더십의 핵심은 셋째와 다섯째다. 사람들은 조직의 목표가 자신의 욕구와 일치할 때 적극적으로 참여한다. 통솔하되 간섭하지 말자. 그러면 반드시 승리할 것이다.

MEMO

Day

Day 085

조지 버나드 쇼, 『모두셀라로 돌아가라』

"당신과 아담은 이야기할 때 '왜?'라고 묻지요. 언제나 '왜?'라고요. 당신은 이미 존재하는 사물을 보며 '왜?'라고 묻습니다. 하지만 나는 존재한 적 없었던 것을 꿈꾸며 이렇게 묻습니다. '왜 안 돼?' 나는 '죽음'이라는 단어를, 새롭게 거듭나기 위해 벗어버린 내 허물을 표현하기 위해 만들었습니다. 그런 까닭으로 나는 '새로운 탄생'이라 부릅니다."

— George Bernard Shaw, *Back to Methuselah: A Metabiological Pentateuch*, The Project Gutenberg (전자책)

이 희곡의 한 장면에서 뱀은 아담과 이브에게 인간의 이성과 상상력이라는 양면에 대해 이야기한다. 인간은 왜 늘 현실에 매여 있는가? 어제에서 기존에 없던 것을 상상하지 못하는가? 여기서 뱀은 유혹자가 아니라 창조적 상상력과 진보를 상징하는 존재다. "왜 안 돼?*Why not?*"라고 질문하자. 기존에 없던 것을 상상하자. 묵은 허물을 벗어버리고 한껏히 새로운 미래를 꿈꾸자.

MEMO

Day

인생은
규칙을 지키려 노력할 때보다
규칙을 깰 때
훨씬 더 쉬워진다.
-이본 쉬나드-

Day 노자, 『도덕경』

086

굽히면 온전해지고, 구부리면 곧게 되고, 우묵하면 채워지고, 해지면 새로워지고, 적으면 얻게 되고, 많으면 미혹하게 된다.
(曲則全, 枉則直, 窪則盈, 幣則新, 少則得, 多則惑.)
— 김종건, 『새벽에 읽는 고전의 힘』, 메타세쿼이아, 2023 (전자책)

지혜로운 이는 굽히지 않는 사람이 아니다. 굽히면서도 자신의 온전함을 잃지 않을 줄 아는 사람이다. 그는 낡은 것에도 새로움이 있다는 것을 알기 때문에 어느 것도 하찮이 여기지 않는다. 더 얻으려고 욕심내지 않는 사람, 스스로 드러내지 않음으로써 밝게 드러나는 사람, 구부리고 해지고 양보하는 것을 두려워하지 않는 사람, 그리하여 원하는 곳에 반드시 도달하는 사람. 그런 사람이 되기로 결심하자.

MEMO

Day

Day 087

존 러스킨, 『나중에 온 이 사람에게도』

자본은 마치 잘 만들어진 쟁기와 같다. 만약 쟁기가 신호처럼 다른 신호를 증식하는 것 외에는 아무 일도 하지 않는다면, 신호가 자체 증식으로 이룬 커다란 군집체가 아무리 햇빛에 반짝거릴지라도 이미 그 기능을 잃어버린 쓸모없는 자본에 불과하다.*

자본은 다른 방법으로 반짝일 때, 즉 자가 증식으로 빛을 발하지 않고 오히려 소모되어 발고랑을 만들 때 생기는 귀한 마늘로 인해 빛을 발해야 진정한 자본이라 할 수 있다.

— 존 러스킨, 곽계일 옮김, 『나중에 온 이 사람에게도』, 아인북스, 2010, 185쪽

* 독자들의 빠른 이해를 위해 원문의 '보습'을 '쟁기'로, '볼링'을 '신호'로 바꾸었다.
— 편집자주

'1억 모으기'라는 말은 솔깃하다. 이 목표가 얼마나 사람의 마음을 움직이는지 모르지 않는다. 그러나 기억하자. 돈은 그 자체로 목표가 될 수 없다. 돈을 위한 돈 모으기라는 말만큼 어색한 말이 있을까. 우선 생각할 것은 어떤 가치가 나를 추동하느냐, 어떤 목표를 이루기 위해 돈이 필요하느냐다. 엉덩이를 들썩이게 할 만큼 매력적인 목표를 찾자. 자본이라는 쟁기는 그 목표가 발고랑을 가는 데 사용하자.

MEMO

Day

Day 088 이본 쉬나드

두 번 생각하기 전에는 이 재킷을 사지 마라.
진짜로 이 재킷이 필요한가? 아니면 그저 지루할 뿐인가?
— 파타고니아 광고 캠페인

인생은 규칙을 지키려 노력할 때보다 규칙을 깰 때 훨씬 더 쉬워진다.
— 파타고니아 홈페이지의 CEO 메시지

환경 보전과 지속 가능한 소비를 추구하는 아웃도어 의류 브랜드 파타고니아의 핵심적 가치를 담은 이 광고 캠페인은 역사상 가장 성공적인 캠페인 중 하나가 되었다. 트렌드를 쫓지 않고 완전히 새로운 트렌드를 만들고 싶다면 규칙 자체에 "왜?"라는 질문을 던져보자. 규칙을 따르는 대신 규칙을 만들자.

MEMO

Day

Day 089

하워드 슐츠

"성장을 전략으로 볼 때, 그것은 다소 매혹적이고 중독성이 있습니다. 하지만 성장은 전략이 되어서는 안 되고, 전략이 아닙니다. 그것은 전술입니다. 제가 수년간 배운 가장 중요한 교훈은 성장과 성공이 많은 실수를 가릴 수 있다는 것입니다. 우리는 더 많은 실수를 할 것입니다. 하지만 우리는 큰 교훈을 얻었습니다. 그리고 우리가 회사를 성장으로 되돌릴 때, 그것은 올바른 이유로 꾸준히 있고 수익성 있는 성장이 될 것입니다. 다른 종류의 성장입니다."

— 2011년 3월 1일 매킨지 & 컴퍼니와 한 인터뷰

조지의 '성장'은 그 자체로 성공 이라기보다 진정한 성공을 위한 하나의 전략에 가깝다. 진짜 성공은 성장 과정에 있었던 실패와 실수를 발견하고, 그를 통해 갈 은 실수가 반복되지 않도록 진지 를 구축하는 것이다. 잘 닦아 세운 진지는 어떤 적을 만나도 무너지지 않는다. 거대한 승리의 축포 소리가 들리지 않는가?

MEMO

Day

Day 090

라이언 홀리데이, 『돌파력』

무엇이 잘못될 수 있는지를 마음속으로 미리 리허설해본 사람은 뒤통수를 맞지 않는다. 실망할 준비가 되어 있는 사람은 실망시킬 재간이 없다. 그들에게는 실망을 돌파할 힘이 있다. 그런 사람들이 실의에 빠져 당장 처리해야 할 숙제를 외면하거나 터무니없는 실수를 저지를 가능성은 거의 없다. 상상 속에서 궁핍을 짓는 것보다 더 좋은 게 뭔지 아는가? 현실 속에서 궁핍을 짓는 것이다.

— 라이언 홀리데이, 안종설 옮김, 『돌파력』, 심플라이프, 2024, 189쪽

단 한 번의 성공을 위해 수백, 수천 번의 실패를 거듭하자. 그 상상의 실패에서 배운 교훈을 현실의 성공을 만들어내는 데 사용하자. 내가 머릿속에서 이미 경험한 실패는 나를 좌절시키지 못한다. 좌절하는 데 들어가는 시간과 에너지조차도 성공의 연료로 사용하자.

MEMO

Day

Day 091 리처드 브랜슨, 『비즈니스 발가벗기기』

직원들이 서로 대화가 없는데 좋은 아이디어가 나올 수 있을까? 엘버트 아인슈타인은 이렇게 말했다. "다른 사람들의 생각이나 경험에 자극받지 않고 혼자서 만들어낸 것은 최선의 것이라 할지라도 보잘것없거나 단조로운 수준에 그친다."

말 없는 사람들로 가득한 방보다 더 답답한 곳은 없다. 사람들이 아이디어를 교환하고 친구가 되고 서로를 보살펴줄 수 있게 해주어야 한다. 그러면 그들은 불평과 문제가 아니라 좋은 아이디어를 가지고 올 것이다.

— 리처드 브랜슨, 박슬라 옮김, 『비즈니스 발가벗기기』, 리더스북, 2010, 37쪽

브랜슨은 경영진이 직원들이 회사를 떠나는 이유가 급여 때문이라고 추측하는 것은 안일한 생각이라고 말한다. 사람은 돈으로만 다룰 수 없다. 그들은 무엇보다 불행하기에 회사를 떠난다. 자유롭게 아이디어를 펼치고 공정하게 평가받을 수 있는 환경을 조성해 직원들을 붙잡아두는 것이 뛰어난 능력을 가진 인재를 채용하는 것 못지않게 중요한 리더의 역할이다.

MEMO

Day

Day 092

조셉 머피, 『조셉 머피 잠재의식의 힘』

좋은 생각을 하면 좋은 일이 생기고, 나쁜 생각을 하면 나쁜 일이 생긴다. 건강하다고 느끼면 건강해지고, 부자라고 느끼면 실제로 부자가 된다. 평소의 생각과 느낌이 나를 만든다.

— 조셉 머피, 조울리 옮김, 『조셉 머피 잠재의식의 힘』, 다산북스, 2023, 82쪽

인간 의식은 힘이 세다. 원하는 것을 기도처럼 반복해 보자. 말이 생각을 바꾸고, 생각이 행동을 바꿀 것이다. 이제 목표는 직관적일수록 좋다. 누가 봐도 단번에 이해할 수 있어야 한다. 복잡하고, 해석의 여지가 있는 문장은 목표의 문장이 아니다. 상상력을 자극하되, 신박하게 생각을 불러오는 문장을 피하자. 응축된 문장에 폭발의 에너지가 있다.

우리는 평생 살 수 있는 것처럼 행동한다.
- 세네카

Day 애덤 스미스, 『국부론』

093

대부분의 사람이 자신의 능력에 대해 지나치게 자만하는 것은 모든 시대의 철학자와 도덕가가 지적해 온 오래된 악덕이다. 자신의 운이 좋다고 터무니없이 가정하는 것은 그보다 주목받지 못했으나, 어쩌면 훨씬 더 보편적일 태도일 것이다. 그러저럭 건강하고 정신이 멀쩡하다면 운을 조금도 누리지 않는 사람은 없다. 모든 사람은 이익을 얻을 가능성을 다소 과대평가하고, 대부분은 손실을 볼 가능성을 과소평가하며, 그러저럭 건강하고 정신이 멀쩡한 사람 중에서도 손실 가능성을 더 높게 평가하는 사람은 거의 없다.

— Adam Smith, *An Inquiry into the Nature and Causes of the Wealth of Nations*, The Project Gutenberg (전자책)

낙관과 야심은 등 뒤에서 불어오는 바람 같은 것이다. 그것에 나의 체력과 걸음 속도를 맞출 때 나는 한결 편안하게 나아간다. 그러나 바람이 지나치게 셀 때 나는 넘어지고 만다. 가슴에 호랑이를 품되 머리에 있는 여우와 대화하자. "이 계획이 실패한다면 무엇을 할 것인가?"라는 여우의 질문에 수시로 답하자.

MEMO

Day

Day 094

루키우스 안나이우스 세네카, 『세네카의 인생론』

왜 우리는 이런 삶을 자초하는가? 우리는 평생 살 수 있는 것처럼 행동한다. 본인의 나약함을 인지하지 못하며 얼마나 많은 시간이 흘러가 버렸는지도 인지하지 못한다. 끝없이 샘솟는 우물에서 시간을 퍼다 쓰기라도 하듯 시간을 낭비하고 있는 것이다. 누군가를 위해 혹은 무언가를 위해 함께하는 그날이 바로 마지막 날이 될 수도 있는데 말이다.

우리는 유한한 존재처럼 모든 것을 두려워한다. 그러면서도 무한한 존재라도 된 것처럼 온갖 것을 갈구한다.

— 루키우스 안나이우스 세네카, 정영훈 엮음, 정윤희 옮김, 『세네카의 인생론』, 메이트북스, 2019, 34쪽

파비는 말했다. 잘 이용하기만 한다면 시간은 언제나 충분하다고. 그러나 세네카가의 말처럼 너무 많은 사람이 시간을 '버린다'. 그러면서 시간이 없다고 말한다. 지금 내 삶을 변화시키고 싶다면 시간의 엄숙함 앞에 서자. 흐는 시간은 돌아오지 않는다는 명제를 받아들이자. 그리고 다시 괴테의 말로 돌아가자.

MEMO

Day

Day 095

스가쓰케 마사노부, 『도쿄의 편집』

좋은 이미지를 만들어내기 위해서는 이미지 저장소를 마련해야 합니다. 천재라 불리는 사람들이 멋진 이미지를 만들어내는 건 머릿속에 풍부한 저장소가 있기 때문입니다. (…) 가령 뮤지션 사카모토 류이치의 박식함은 널리 알려져 있습니다. 음악은 물론이고, 영화, 철학, 미술 등 문화 전반에 대단한 식견을 가지고 있죠. (…) 패션 디자이너 중에서는 칼 라거펠트가 그런 인물입니다. 그는 스스로를 '컴퓨터'라고 칭하기도 했죠. (…) 안도 다다오의 건축사무소 각 층 벽면에는 수많은 책이 빼곡하게 들어차 있습니다. 그처럼 방대한 저장소가 있었기에 그의 수많은 건축물이 태어날 수 있었던 것이죠.

— 스가쓰케 마사노부, 현선 옮김, 『도쿄의 편집』, 2022, 항해, 77~79쪽

아이디어는 완전한 진공 상태에서 탄생하지 않는다. 우리가 아는 많은 비범한 창작자는 빈 종이를 앞에 두고 고뇌하다가 벼락처럼 내려진 영감을 휘갈기는 천재라기보다 성실한 사서에 가깝다. 내 머릿속 클라우드에 수많은 레퍼런스를 저장하자. 책, 음악, 미술, 철학, 일상에서 마주치는 사소한 장면까지, 모든 것이 레퍼런스가 될 수 있다. 그것들을 취사선택하고 뒤집고 비틀고 엮어 새로운 아이디어를 만들어내자.

MEMO

Day

Day 096 우유철, 『만 번을 두드려야 강철이 된다』

나는 기업 현장에서 오랫동안 일하면서 비즈니스적인 관계에서도 신뢰와 우정이 매우 중요하게 작용한다는 것을 깨우쳤다. 비즈니스를 하는 사람이라면 상대를 대할 때 일로서뿐만 아니라 상대라는 존재 자체에 진심으로 다가서려는 노력이 필요하다. 그런 태도가 사업의 성공으로 이어질 때가 적지 않다. 나는 이를 '비즈니스 프렌드십'이라 부른다.

당진제철소 건설 성공의 주역인 우유철 전 현대제철 부회장은 당시 기술고문으로 영입했던 피터 하인리히 박사의 도움이 없었다면 제철소 건설이 쉽지 않았을 것이라고 말한다. 거대 프로젝트의 성공에는 우정처럼, 보이지 않는 작은 관계요소들이 자리하고 있다. 비즈니스는 이익을 맞지는 이해관계 논리로만 작동되는 게 아니다. 근저에는 언제나 사람이 있다.

— 우유철, 『만 번을 두드려야 강철이 된다』, 세이코리아, 2024, 202쪽

MEMO

Day

Day 097

조셉 M. 마셜 3세, 『그래도 계속 가라』

늙은 메가 말했다.

"들소는 폭풍우건 휘몰아치는 눈보라건 바람이 위력 앞에 용감하게 대항하지. 반면에 닭은 덤불이나 바람막이 같은 곳을 찾은 뒤, 꼬리 쪽으로 바람에 맞선단다. 어떤 새들은 날개 속에 고개를 파묻은 채 깃털을 부풀리기도 하고, 또 다른 새들은 뇌조처럼 풀밭이나 낮은 덤불 속에서 피난처를 찾기도 해. 어찌 되었든 간에 모두들 바람과 주위를 견디낼 방법을 찾아내지. 폭풍에 어떻게 맞서느냐 하는 것도 중요하지만, 오로지 그것을 견디내기 위해 노력하는 것도 그에 못지않게 중요하단다."

회피하지 말자. 아무리 아파도 정성껏 소독하고, 연고를 바르듯 삶에서 얻은 고통을 대하자. 상처를 마주하고 빠르게 조치하면 그곳에 깨끗한 새살이 돋을 것이다. 그렇게 얻은 상흔이 두고두고 손에 꼽는 자랑거리가 될 것이다.

—조셉 M. 마셜 3세, 유향란·김기성 옮김, 『그래도 계속 가라』, 행복, 2021, 101~102쪽

MEMO

Day

Day 098

제프 베조스

나는 종종 이렇게 매우 흥미로운 질문을 받는다. "제프, 다음 10년 동안에 어떤 것이 변할까요?" 하지만 이보다 더 중요한 이런 질문은 거의 받아본 적이 없다. "다음 10년 동안 변하지 않는 것은 무엇일까요?" 대단히 중요한 질문이다. 그것들을 중심으로 계획을 세울 수 있으니까. (···) 어떤 상황에서는 무엇이 그대로 유지될지 알아낼 수 있다면 거기에 에너지를 쏟아야 한다.

— 2007년 10월 『하버드 비즈니스 리뷰』와 한 인터뷰

제프 베조스는 환경이 어떻게 바뀌든 아마존의 고객이 낮은 가격과 더 빠른 배송과 더 많은 선택지를 원한다는 사실은 바뀌지 않을 것임을 확신했다. 조직의 본질을 정확히 파악하는 리더는 그곳에서 비전을 본다. 내 조직이 10년 뒤에도 기대할 근본 가치가 무엇인가? 그곳에 과감히 투자하자.

MEMO

Day

Day 099

레프 니콜라예비치 톨스토이, 『톨스토이 고백록』

염소와 토끼와 누대는 먹고 세끼를 낳아 기르며 살아가도록 지음 받았습니다. 그리고 나는 그런 동물들이 그렇게 하고 있는 것을 보면, 그들이 행복하고 그들의 삶은 의미가 있다는 것을 아주 분명하게 느낍니다.

그렇다면, 인간은 어떻게 해야 하는 것입니까? 인간도 그 동물들과 마찬가지로 자신의 생존을 위해 일해야 하지만, 인간은 자기 자신을 위해서가 아니라 모든 사람을 위해서 일해야 하기 때문에, 자신만을 위해서 일하는 경우에는 살아갈 수 없다는 것이 동물들과 다릅니다. 그리고 인간이 모든 사람을 위해 일할 때, 나는 그런 인간은 행복하고 그의 삶은 의미가 있다는 것을 아주 분명하게 느낍니다.

— 레프 니콜라예비치 톨스토이, 박문재 옮김, 『톨스토이 고백록』, 현대지성, 2018, 89~90쪽

너른 땅에 홀로 선 나무는 온몸으로 폭풍을 맞는다. 제각각 다양한 나무가 숲을 이룬 곳에서는 폭풍이 힘도 사그라진다. '더불어'의 힘이다. 내가 선 땅을 숲으로 만들자. 사람도, 행복도, 자원도 북적이게 하자. 신영복 선생은 늘 '더불어 숲'을 강조했다. 대나무 밭의 뿌리들이 서로 연결돼 있어 홍수 때에도 언덕을 지킬 수 있는 것처럼 우리도 더불어 살아갈 때 사회적 위기나 변화에도 흔들리지 않고 튼튼하게 버틸 수 있다.

MEMO

Day

Day 100

존 하워드, 「잊혀진 차원, 리더십의 진실성」

"가끔 내게 아주 긍정적인 방식으로 말해오는 책이나 기사, 인용문들을 마주치곤 한다네. 거기에 있는 이야기나 분석에는 새로운 영감과 힘을 불어넣어 주는 영향력, 죽은 인생을 사는 데 있어 기본이 되는 지혜의 조각들이 담겨 있지. 나는 이것들을 나름대로의 주제에 따라 선반에 차곡차곡 정리해놓는다네. 마치 약제사가 질병에 따라 약품을 정리하는 것처럼 말일세. 여기에는 그 어떤 우울한 소식이나 허탈한 상실, 죽음 지나치게 자만하게 만드는 개인적 성공에 대해서도 그 증상을 치료할 수 있는 문학적 약품이 대여섯 가지씩은 된다네."

— 톰 피터스 외, 유승웅 엮음, 『성공하는 리더는 어떻게 만들어지는가?』, 홍익출판사, 2010, 250~251쪽

이기소취해질 때, 허탈할 때, 길을 잃은 것 같을 때 이 책에 실린 100개의 구절이 처방약이 됐으면 좋겠다.

MEMO

Day

작심필사

초판 1쇄 발행 2025년 7월 4일

지은이 신현만
펴낸곳 (주)커리어케어 출판본부 SAYKOREA

출판본부장 박진희
편집 양혜화 손성원 김선도
마케팅 허성권
디자인 엄혜리

등록 2014년 1월 22일 (제2008-000060호)
주소 03385 서울시 강남구 테헤란로 87길 35 금강타워3, 5-8F
전화 02-2286-3813
팩스 02-6008-3980
홈페이지 www.saykorea.co.kr
인스타그램 instagram.com/saykoreabooks
블로그 blog.naver.com/saykoreabooks

ⓒ (주)커리어케어 2025
ISBN 979-11-93239-30-8 03320

- 이 책은 저작권법에 따라 보호받는 저작물이므로 무단전재와 무단복제를 금합니다.
- 이 책 내용의 전부 또는 일부를 이용하려면 반드시 (주)커리어케어의 서면동의를 받아야 합니다.

※ 잘못된 책은 서점에서 바꾸어 드립니다.
※ 책값은 뒤표지에 있습니다.

S A Y KOREA는 (주)커리어케어의 출판브랜드입니다.